평범하여 찬란한 삶을 향한 찬사

벽하지 않아
전한 삶에
하여

평범하여
찬란한
삶을
향한
찬사

ÉLOGE
DES
VERTUS
MINUSCULES

벨기에 조형 예술가 자크 리젠Jacques Lizène이 사망했을 때, 신문 부고란에는 흔치 않은 '실패' 전문가의 죽음이 전해졌다. 실제로 이 실패 전문가는 실패의 예술이 엄연히 존재한다고 주장했고, 그렇게 함으로써 스스로 부와 명예의 유혹에서 벗어나려 했다. 그가 내세운 평범함의 미학은 역설적이게도 '중요하지 않은 것의 중요성'을 환기하는 데 있었다. 나는 그의 계보를 따르는 것에 만족하지 않고 거기서 한 걸음 더 나아가보고 싶었다. 추상적인 대상에 대한 분류 기준은 모호하기 짝이 없기에 나는 한 인간의 본질, 즉 그의 정체성과 사회적 지위를 동일선상에 놓지 않으려 했다. 그 와중에 어떤 범주에도 묶이지 않는 모호성을 지닌 '그만하면 괜찮다'는 개념이 나에게 무척 흥미롭게 다가왔다.

이 개념은 한편에서 보면 '괜찮다'를 강조하는 듯하지만, 또 다른 한편에서 보면 어떤 교만도 허용하지 않는 '그만하면'이 '괜찮다'를 막아서고 있다. 자크 리젠은 스스로를 재능 없는 예술가라 평했다. 나는 외적으로 드러나는 성공과 관계없이 재능을 정의하는 그만의 방식을 지지한다. 성공한 인생을 표현하기에 우리의 어휘는 얼마나 빈약한가! 인정과 무관심, 찬사와 멸시 사이에 놓인 경계는 너무나도 모호하다. 더구나 우리는 눈에 보이는 성공을 빼놓고는 타인을 이해하지 못한다고 해도 과언이 아니다.

프랑스에서는 대학입학시험 성적을 '매우 우수', '우수', '양호'로 평가한다. 평범하고 그만하면 괜찮은 축에 속하는 '양호'는 현실에서 대개 우수하지 않은 성적으로 평가받는다. 사전적으로 '대단히 괜찮다'는 뜻을 가졌음에도 앞으로 발전 가능성이 있다는 긍정의 신호로 보지 않고, 실패의 조짐으로 여기는 것이다. 이름값을 전혀 못 하는 평가다. 이처럼 성적표라는 잘난 종이 쪼가리가 한 인간을 규정한다.

그만하면 괜찮다는 말은 다양한 해석이 가능하다. '평범한',

'그만하면 괜찮은', '적당한', '보통'이라는 말은 어느 한쪽으로 치우쳐 있지 않아 내가 어떤 판단을 할 때 신중을 기하게 했고, 인간의 내밀한 의식을 탐구할 때 오히려 더욱 깊이 있게 주의를 기울이게 했다. 이 탐구의 길에서 나를 이끌어준 수많은 철학자와 문학가는 세속적 야망이 내는 시끄러운 소리를 듣기보다 자신을 드러내지 않으며 삶이 내는 자그마한 소리에 귀를 기울일 줄 아는 이들이었다. 그들은 작은 트라우마, 사회적 수치심, 우정의 쓰라림, 명예의 덧없음을 표현하는 데 천착하면서 등한시된 이야기들이 무엇을 말하고 싶어 하는지 나에게 들려주었다.

제아무리 훌륭한 삶이라도 나름의 실망스러운 부분이 있게 마련이다. 그래서 우리는 현실을 직시하고, 완벽주의는 불협화음의 아름다움을 느끼는 데 방해가 될 뿐이라는 사실을 기억해야 한다. 삶은 돌연한 사건과 우연한 만남의 연속으로, 우리는 훗날 돌아볼 때에야 비로소 그 모든 일들이 특별했음을 깨닫는다. 내가 평범한 것들에, 눈에 띄지 않는 것들에 조금 더 일찍 관심을 가졌더라면 또 다른 길을 걷게 되지는 않았을까?

이 책이 평범하여 찬란한 것, 작고 사소한 것의 아름다움을 발견하게 해주는 특별한 안내소 역할을 하길 바란다. 그 안내소로 가는 첫걸음은 타인에 대한 존중과 배려일 것이다. 평범하다 거나 그저 그렇다는 꼬리표는 한 사람을 망가뜨릴 수 있다. 자기 비하 역시 우리의 연약한 자아를 산산조각 낼 수 있다. 우리가 자기 비하에 빠지는 것은 우리의 자존감을 갉아먹는 주변인들 때문이기도 하지만, 그보다 우리 자신 때문이다. 우리는 '대단한' 무언가가 되지 못한다면 아무것도 아니라고 생각해버리지 않는가.

눈에 띄지 않고 때로는 너무나 교묘해서 자신만이 알 수 있는 (그러나 본능적으로 확신할 수 있는) 사회적 소외는 현재에도 미래에도 우리의 정체성 깊은 곳을 파고든다. 수치심이나 불안, 자부심이나 기쁨의 표현을 해석하고 이해하기 위해서는 세밀화가의 붓 터치 같은 세심함이 필요하다. '평범한', '그만하면 괜찮은', '적당한', '보통'이라는 말은 바로 그런 섬세한 터치다. 이러한 말들은 우리를 잠시 멈춰 세우고, 무엇이든 너무 성급하게 결론 내리지 않도록 도와주며, 마침내 우리에게서 포용과 연민을 이끌어낸다. 1등상, 명문 학교, 칭찬과 함께 받는 최우수 학점 같은 것들에 우리의 관심이 온통 쏠리다 보면 더욱 다양하고 미묘한 결과는 뒷전으로 밀려난다.

나는 '그만하면 괜찮다'는 말이 더 이상 푸대접 받지 않기를 바란다. 이 말은 우리에게 또 다른 현실을 보여주며 우리가 자기 비하에 빠지지 않게 해준다. 그러면 우리는 인정받고자 하는 욕구에 더 이상 집착하지 않고 경험 그 자체에서 의미를 찾을 수 있게 될 것이다. 인정욕구도, 평가하고 비교하는 어쩔 수 없는 인간의 본성도 완전히 내려놓기 어렵다는 것을 안다. 하지만 그 내용을 바꿀 수는 있다.

다소 무미건조해 보이지만 나의 마음을 이끈 평범하고, 그만하면 괜찮은 삶에 관한 글을 쓰고자 마음먹은 데는 여러 이유가 있었다. 그런데 결정적 쐐기를 박은 것은 병원 진료를 받다가 벌어진 해프닝이었다. 시작은 실력 없는 방사선사의 실수였다. 심한 편두통으로 고생을 하던 나는 진단을 받기 위해 뇌 MRI를 찍었다. 신경과 진료실로 들어가니 의사가 내 검사 결과지를 손에 들고 있었다. 그는 난처한 듯 마른기침을 쿨룩대더니 나에게 끔찍한 결과를 알렸다. 내 뇌의 일부가 제 기능을 못한다는 것이었다. 그 말을 들은 나는 금세 얼굴이 굳었다. 의사는 직업이 뭐냐고 묻더니 나에게 말했다. "문학을 가르치신다고요? 그럼 크게 걱정하실 필요 없겠네요. 환자분이 수학자였으면 정말 큰일 날 뻔 했어요." 위로였을까, 무례였을까? 뭐가 되었든 나는 그의 말을 절대로 잊지 못한다.

언짢은 마음으로 진료실에서 나오던 그때, 나는 뭔가 이상한 느낌을 받았다. 마음이 심란하거나 불안해지기는커녕 오히려 편안해진 것이다. 그 진단이 나의 한계를 너무나도 명확하게 인식하게 해주었기 때문이다. 고등학생 때 내가 왜 그렇게 공부를 못했는지, 수학과 물리학에 왜 그렇게 젬병이었는지, 대학 입학을 위한 논술 시험에서 왜 그렇게 형편없는 점수를 받았는지 나는 마침내 깨닫게 되었다. 예상치 못한 사실을 접하고 실의에 빠지기는커녕 오히려 나는 내 반쪽짜리 뇌가 매우 좋아졌다.

그 사실을 처음부터 알고 있었던 사람처럼 있는 그대로의 나를 받아들이고 가족과 친구들에게 이 사실을 알려야겠다고 마음먹었다. 그렇게 함으로써 큰 야망이 없는 '나'라는 존재를 합리화하고 죄의식에서 벗어나고 싶었다. 그리고 한 가지를 확신하게 되었다. 나는 나를 고달프게 하는 압박에서, 행복보다 성공을 위한 삶이 요구하는 모든 것에서 서서히 빗어나고 있었다. 내 초자아는 별안간 휴식에 들어갔다. 나의 부족함을 인정하고 합리화할 수 있도록 신경과 전문의가 명쾌한 진단을 내려주지 않았는가. 말하자면 나는 그때부터 자신의 핸디캡을 담대하게 극복한 반쪽짜리 뇌를 가진 사람이 되었다. 그렇게 생각하고 돌아보니 지금 껏 내가 성취한 모든 것이 그렇게 나쁜 것만도 아니었다.

그때부터 나는 원고의 마감 시한이 임박했거나, 꾸역꾸역 형편없는 글을 써냈을 때, 그 진단을 핑곗거리로 써먹을 생각을 하고 있었다. 그렇게 스스로를 다독이며 한시름 놓았다고 생각 했다. 지금까지 살면서 내가 실패한 것은 의지가 약하거나 능력 이 부족해서가 아니었다. 나는 내가 반쪽짜리 뇌를 가지고 태어 났다는 것을 동료들에게 어떻게 알려야 할지 고민했다. 그 사실 을 밝히는 것이 나에게 유리할까, 불리할까? 그들은 나를 측은하 게 바라볼까? 그들이 내게 존경과 염려를 동시에 표하며 내 연구 를 재평가해줄까? 극도로 치열한 경쟁을 피할 수 없는 학계에 몸 담은 나에게는 종종 탈출구가 필요했다. 그제야 비로소 나는 동 료들의 평가에서, 인정에 대한 욕구에서 벗어날 수 있었다. 또한 내 소심함과 야망의 숨바꼭질 놀이를 멈출 수 있었다.

그러나 이 기이한 만족감은 오래가지 못했다. 얼마 후 나는 주치의를 찾아가 진료를 받았고, 그에게 뇌 MRI 사진을 보여주 었다. 그는 사진을 보고는 단박에 사진이 선명하지 않다고 지적 했다. 제 기능을 하지 못하는 건 내 뇌가 아니라 이 사진이라며 웃음을 터뜨렸다. 그는 내게 뇌 MRI를 다시 찍어볼 것을 권유했고, 다시 검사한 결과 내 뇌는 문제가 없는 것으로 확인되었다. 그는 내게 순진한 구석이 있다며 놀려댔다. 『오즈의 마법사』에 나오는 허수아비처럼 뇌를 얻으려고 노란 벽돌길을 걷지 않아도 되겠다며 농담을 던지기도 했다. 나는 그에게 내 뇌의 일부분이 제대로 작동하지 않는다는 진단을 받고도 크게 놀라지 않았고, 오히려 안심이 되었다고 고백했다. 그러자 그는 짓궂게 되받아쳤다. "어떻게 그래요? 평소에도 뇌가 반쪽만 작동한다고 생각했다고요?" 그는 내 말을 믿지 않았다. 하기야 주치의뿐 아니라 누구라도 내가 아니고서야 그 진단이 나의 내밀한 속내와 얼마나 기가 막히게 맞아떨어졌는지 상상하지 못할 것이다. 그 진단은 내가 항상 의심해왔던 사실을 확인시켜주었다.

주치의에게 말한 적은 없었지만, 여섯 살 때 부모님이 나의 이런저런 '결함'을 진단받기 위해 나를 한 전문가에게 데려간 일이 있었다. 대단히 명석한 척을 하며 짐짓 근엄한 표정을 하고 있던 그 선생님은 내게 이해할 수 없는 질문 몇 가지를 던지고는 끔찍한 보고서를 작성했다. 나는 한참이 지난 후에야 어머니의 책장에서 그 보고서를 발견했는데, 첫 줄만 읽고도 내용을 충분히 짐작할 수 있었다. "뇌의 용량이 작음." 나를 간단하게 정의한 이 짧막한 문구는 내 뇌가 특별하지 않음을, 말하자면 활용할 수 있는 지적 능력이 크지 않음을 보여주었다. 아니나 다를까, 나는 6학년 때 유급을 했고, 나 같은 학생들이 응당 받아들여져야 할 교육 시스템에서 제자리를 찾지 못하고 여러 학교를 전전해야 했다. 어린 시절 내가 만난 신랄했던 전문가와 달리 친절한 내 주치의는 나의 대학 학위가 내게는 언제나 진실을 가리는 연막이었고, 반쪽짜리 뇌 사건은 비록 해프닝이었지만 잠시나마 내 숨통을 틔워주었다는 걸 짐작조차 할 수 없었을 것이다.

반쪽짜리 뇌 사건은 앨리스 제임스Alice James에 관한 일화를 떠올리게 했다. 명석한 두 오빠(저명한 심리학자 윌리엄 제임스와 미국 문학의 거장 헨리 제임스)의 틈바구니에서 성장하는 것만으로도 이미 만만치 않은 일이었겠지만, 앨리스 제임스가 가장 견디기 힘들어한 것은 상상력이 지나친 건강 염려증 환자 취급을 받으며 가족들의 웃음거리가 되는 일이었다. 그런데 그녀가 결국 암 진단을 받게 되자 그녀의 지독한 염려는 비로소 정당성을 인정받았다. 암을 진단받음으로써 몸과 마음의 상태가 일치를 이룬 것이다. 마찬가지로 내게 내려진 오진 역시 어떤 의미에서 나를 해방시켜주었다.

나는 초등학교, 중학교, 고등학교를 다니는 내내 그저 그런 평범한 학생이었다. 내가 학창 시절을 보낸 프랑스에서 당시 선생님들은 공부 못하는 학생들을 대놓고 '열등생'이라고 불렀다. 나는 열등생들이 벌칙으로 써야 하는 악명 높은 '당나귀 모자'를 툭하면 써야 했고, 귀를 드러낸 채 굴욕감을 맛봐야 했다. 이렇게 자존심에 난 생채기는 절대로 깨끗하게 치유되지 않는다. 뇌 MRI 사진으로 오진을 받았을 때도 열등생이라는 낙인은 내 마음 한구석에 여전히 남아 있었을 것이다.

내가 친구들에게 반쪽짜리 뇌 사건과 이 책의 집필 계획에 대해 이야기했을 때, 대부분은 은근히 빈정거렸다. 자신의 분야에서 제법 훌륭한 경력을 쌓고 인정받은 내가 '평범함'에 관한 글을 쓰는 것이 위선적이지 않느냐는 것이었다. 그들의 비판에 일부 동의하지만 모든 일에는 빛과 그림자가 있는 법이다. 내가 농담처럼 말하는 그 해프닝에도 역시 그림자가 있다.

나는 왜 그토록 내가 '뛰어나지 않다'는 사실을 확인받고 싶어 했을까? 내가 반쪽짜리 뇌에 관한 이야기를 할 만한 자격이 없다는 것이 두려웠을까? 세상의 기준대로 뛰어나야 한다는 압박감을 느낀 것은 나의 엄격주의 때문이었을까? 신경과 의사가 내 뇌에서 결함이 아니라 명백한 천재성의 징후를, 대단한 명성을 얻을 수 있는 번득이는 지성을 발견했다면 어땠을까? 그랬다면 평범함에 대한 나의 애정은 사라졌을까? 비대한 자아와 오만한 인물에게는 반감을 가지면서도 평범한 인물과 소소한 이야기에 끌리는 것은 경쟁에서 발을 빼기 위한 핑계이자 자기기만이었을까? 내가 명예와 부, 인정과 유명세를 얻었다면 평범한 삶에 대한 이상을 하루아침에 내팽개쳐버렸을까? 『캉디드Candide』에 관한 강의를 할 때, 헛된 꿈을 꾸는 대신 "우리는 우리의 정원을 가꾸어야 한다"라는 볼테르의 유명한 구절에, 자신감 넘치는 학생들보다 어딘가 위축되어 보이는 학생들이 더 큰 감명을 받았던 것을 나는 분명히 기억한다.

　평범한 삶을 살아가는 데 겸손보다 좋은 것은 없다. 성공에 집착하고 세상을 정복하겠다는 야망을 가진 이들은 대개 겸양의 미덕을 역설한 볼테르의 목소리에 귀를 기울이지 않는다.

차례

평범함 없이
어떻게 특별함이 존재할 수 있겠는가.

1장

'그만하면
괜찮다'는
마음을
꺼리고 있진
않은가?

평범하고
그만하면 괜찮은 삶이란

●

이 책의 원고 작업이 상당히 진척되었을 때, '그만하면 괜찮다'는 개념에 관심을 가진 이가 내가 처음이 아니라는 사실을 알게 되었다. 이 주제를 다룬 많은 도서가 꾸준히 서점가에 등장하고 있었고, 그중 대다수는 자본주의와 그것에 대한 과도한 신봉을 비판하는 내용을 담고 있었다. 당시 자녀들을 천재로 키우기 위해 호랑이처럼 자녀를 엄격하게 관리한다는 의미의 '타이거 맘tiger mom' 역시 서점가의 화두 중 하나였다. 한편에서는 지나치게 엄격한 타이거 맘을 옹호하며 그들은 자기 자식들을 위해 최선을 다하고 있을 뿐이라고 말했다. 맞는 말이다. 그들은 그저 자식들을 음지에서 양지로 끌어내고 싶었을 것이다. 기꺼이 자신을 희생하면서, 정작 자신은 단 한 번도 빠져나오지 못한 그 음지에서 말이다. 반면 또 한편에서는 소아과 의사 도널드 위니컷이 제시한 '충분히 좋은 엄마good enough mother'를 지지하는 사람들도 있었다. 위니컷은 완벽한 부모가 되고자 하는 사람은 자녀에게도 완벽을 요구할 가능성이 크다고 지적했다. 그는 완벽한 엄마가 아닌 '그럭저럭 괜찮은 평범한' 엄마가 자녀와 가정을 행복하게 할 수 있다며 부모들을 독려했다.[1]

그런데 나는 무엇보다도 어떤 책의 비평을 보고 뒤통수를 한 대 얻어맞은 듯했다. 그 비평가는 '그만하면 괜찮다'는 마음을 지지하는 저자를 뻔뻔한 위선자라고 비난했다. 자신의 이름을 내세운 책을 출간하면서 이력을 쌓는 데 골몰하는 사람이 경쟁심을 버리라고 말할 자격이 있느냐는 것이었다.[2] 또 다른 비평가는 "그 자신이 성공을 좇으면서 이런 충고를 하는 것에 회의적인 시각을 갖지 않을 수 없다"라고 지적했다. 그는 자신의 분야에서 이미 큰 성공을 거둔 사람이 어떻게 다른 이들의 야망을 비난할 수 있느냐고 꼬집으면서 '그만하면 괜찮다'를 옹호하는 저자를 비판했다. 그 비판들은 모두 나를 향하는 듯했다. 나도 저런 비판을 받지는 않을까? 내가 뭐라고 이런저런 삶이 괜찮은 삶이라고 감히 단정지을 수 있을까? 그만하면 괜찮은 삶을 살고 있다고 누군가를 평한다면, 교만하다고 생각하지 않을까? 내가 이런 고민을 털어놓자 한 친구는 나를 다독이며 이렇게 말했다. "분석은 나중에 해도 늦지 않아. 만족스러운 평범함이 실현되면 무슨 일이 일어나는지 지켜보는 게 우선이지."

그렇지만 나는 계속해서 망설였다. 이 글을 읽는 당신이 큰 성공을 이뤄 명예를 얻고 이름을 떨치기 시작했다고 생각해보라. 그런데 바로 그때, 어떤 사람이(그러니까 내가) 당신에게 슬며시 다가와 충고를 한답시고 당신에게 생각을 바꾸고 '그럭저럭 괜찮은 평범한 삶'으로 돌아가라고 말하면 어떻겠는가? 그를 원망하지 않겠는가? 그런데 그 사람은(그러니까 나는) 당신에게 친구니까 이런 충고도 해줄 수 있는 것이라고 말한다. 그는 진심으로 당신이 행복하기를 바란다. 그는 정확한 예언을 하지만 아무도 그 말을 믿지 않는 예언자 카산드라처럼 명예란 덧없는 것이고 권력을 좇으면 마음의 평화를 누릴 수 없다고, 마치 모든 걸 다 안다는 듯 당신을 설득하려 한다. 그러고 나서 당신에게 로또에 당첨된 후 인생이 망가진 사람들에 대해 말한다. 일확천금을 얻은 사람은 의심이 많아지고 탐욕스러워지며 친구에게는 버림받고 가족들은 그를 돈으로만 본다는 것이다. 이런 모든 충고에 고개를 끄덕일 수밖에 없는데도, 왜 앞서 언급한 비평가는 인생에서 경쟁은 피할 수 없는 것이라 여기며 이런 충고를 깡그리 무시했을까? 그 비평가는 다음과 같이 엄숙하게 맹세하며 자신의 비평을 끝맺었다.

> 나는 명예를 얻기 위해 내 삶을 소진한 후에야 편안히 쉴 수 있을 것이다. (중략) 우리 모두 치열하게 일하고 죽을 만큼 전력을 다하고 있다. 그리고 그것은 즐거운 일이다.

절제를 추구하는 것은 자신이 애쓰는 모습을 감추기 위한 하나의 방법이 아닐까? 당신에게 너무 큰 야망을 갖지 말라고 충고하는 이들은 당신이 언제나 그 수준에 머물러 있기를 바라는 것이 아닐까? 그렇다면 왜 몇몇 위대한 사상가들은 평범하고 그만하면 괜찮다는 마음을 존중해야 한다고 강조했을까? 극단을 경계하고 중용을 추구했던 아리스토텔레스와 마르쿠스 아우렐리우스는 왜 그것을 그들의 대원칙 중 하나로 삼았을까? 그리고 나는 당신이 읽게 될 이 글을 정말로 선의를 가지고 썼다고 자신 있게 말할 수 있을까?

아직은 잘 모르겠다. 나는 다만 바랄 뿐이다. 당신이 이 글을 읽는 동안 깨닫게 되기를. 평범하고 그만하면 괜찮은 삶이란, 헛된 야망의 실현이나 비겁한 타협이 아니라 타인을 다른 시선으로 바라보려는 노력이라는 것을. 떠들썩한 성공 뒤에 숨어 있는 것들에 관심을 가지려는 의지라는 것을.

결코 만만치 않은
'평범함'에 관한 글쓰기

•

　선택인가, 필수인가? 평범하다는 마음은 언제나 우리를 딜레마에 빠지게 한다. 이 주제에 관한 글을 읽거나 쓰는 누구든 이런 딜레마를 피하기 어렵다. 야망을 좇아야 할까, 멀리해야 할까? 딱 잘라 말할 수 없다. 사회적으로도 개인적으로도 사다리에 오르기 위해 앞만 보고 달려가는 일만큼 평범하고자 하는 마음으로 잠시 멈추기로 결심하는 것 또한 쉽지 않은 일이기 때문이다. 게다가 그런 선택을 할 때, 또 다른 문제가 일어날 수 있다. 우리가 어떤 변화의 가능성도 없이 현재의 상태에 안주해버린다면 어떻겠는가? 이것이 바로 평범하고자 하는 마음에 회의를 표한 한 비평가가 꼬집은 지점이다. 그는 '평범하고자 한다', '그만하면 괜찮다'는 마음을 가질 수 있는 것 자체가 특권이라고 지적했다. 그는 자의적으로 중용을 선택할 수 있는 사람은 극히 드물며, 이미 어느 정도 성공을 거두었거나 최소한 자신의 가치를 스스로 인정하는 사람만이 더 이상 높은 곳으로 올라가지 않겠다는 결심을 할 수 있다고 덧붙였다. 그러면서 '그만하면 괜찮다'는 말은 사치에 불과하다며 이렇게 논박했다.

> 그것은 지극히 소수, 즉 대다수의 이성애자 백인 남성만이 가질 수 있는 특권이다. 실제로 백인의 가장 은밀한 특권 중 하나는 마음껏 실패할 수 있는 권리다. (중략) 미국에서 중용은 능력주의의 허상 아래 숨어 있는 특권이자 배척의 한 형태라고 할 수 있다. (중략) 평범한 흑인이나 히스패닉 또는 아시아계 미국인은 어떤 공동체에서든 인종이 약점으로 작용하는 것을 경험한다. 그러나 평범한 백인들은 자신들만의 특권을 누린다.[3]

당신에게 물질적, 지적, 신체적, 정신적 자유가 없다면, 평범하고 그만하면 괜찮은 삶에 대해 한가하게 찬반의 입장을 표할 여유가 없을 것이다. 녹초가 될 때까지 일을 해야 하는 사람이 어떻게 '마음껏 실패할 권리'에 대해 깊이 생각해볼 수 있겠는가.

반면 평범하고 싶다는 마음을 그저 사치로 치부해버린다면, 이 문제를 단순히 엘리트층의 일탈로 치부하는 심각한 오류를 저지를 수 있다. 특별히 선택된 자들만이 자신의 삶을 자유롭게 성찰하고 결정할 수 있는 것은 아니다. 어떤 사람은 어두컴컴한 지하 독방에서, 또 어떤 사람은 접시닦이 일을 하면서 자신의 삶을 바꿔보겠노라 결심한다. 우리 각자는 사회적 지위에 관계없이 지극히 개인적인 환경에서 살아간다. 주변 사람들의 행운이나 불운에 조금도 관심이 없는 사람이 어디 있을까. 앞으로 살펴보겠지만, '평범하고자 한다', '그만하면 괜찮다'는 마음은 한 가지 상태로만 존재하지 않는다. 그것은 무대 위의 주인공이었다가 무대 뒤로 물러날 수 있고, 희구되었다가 비판받을 수 있으며, 칭송받다가 거부당할 수 있다.

내가 그런 시선으로 삶과 문학을 바라보게 되자, 내 주변 사람들이 한층 더 막연하게 느껴졌다. 그들의 겉모습과 내면의 본질이 다를 것이라는 생각이 들었기 때문이다. 평범하고자 하는 마음에 대한 성찰은 이미 무언가가 빼곡히 적힌 노트 위에 또 다른 글씨를 써 넣는 것처럼, 내가 이해하고 있던 세상을 한층 더 복잡하게 만들었다. 또한 누군가를 너무 성급하게 판단하고 비판하려다가도 이내 스스로를 제어할 수 있게 했다.

이제는 '성공'이니 '실패'니, '재미있다'느니 '지루하다'느니 하는 말에 넌더리가 난다. 내가 그런 말을 아예 입에 담지도 않는다거나 생각조차 하지 않는다는 말이 아니다. 다만 나는 내 뇌에서 그런 생각을 차단하고 그것을 초월한 사고를 하려고 노력한다. 어쨌든 이 세상에는 자신의 성공을 만천하에 드러내는 사람보다 자신을 드러내지 않는 사람이 더 많지 않을까? 대개 자신의 성공을 과시하지 않는 그들은 내가 성급한 판단을 멈추지 않았더라면 계속 그늘 속에 있었을 것이다. 이런 생각은 에밀리 디킨슨이 언급한, 첫인상을 뒤바꿀 수 있는 '열한 번째 시간eleventh hour'(영어의 관용적 표현으로, 막판에 어떤 일이 벌어지는 상황을 의미한다 – 옮긴이)을 떠올리게 한다.

왜 지적 세계에는 백발이 성성한 죄인들이 구원받는 영혼 세계의 '열한 번째 시간'이 없을까? 평범한 여자애들이 '현명'할지, 또 누가 아는가?[4]

누가 현명한가, 현명하지 않은가? 용서할 만한 일인가, 원망할 만한 일인가? 그다지 괜찮지 않은 사람은 누구인가? 나는 내가 관심을 가질 만한 많은 사람과 사물을 등한시해왔다. 그래서 '그만하면 괜찮다'에 대한 나의 인식은 '열한 번째 시간'에 일어나는 인식의 변화와 무척 닮아 있다. 특히 스피노자를 비롯해 T. S. 엘리엇, 버지니아 울프, 에마뉘엘 레비나스, 엘레나 페란테는 겉으로 드러나는 부분과 그렇지 않은 부분 사이에 간혹 생길 수밖에 없는 간극을 보다 신중하게 판단할 수 있게 해주었다. 내게 많은 깨달음을 준 충분히 훌륭한 그들의 눈부신 삶은 성공의 외피를 쓰지 못했기에 크게 주목받지 못했다. 그러나 그들의 삶은 나의 직관에 반하는 측면을 보여주면서 내가 인정과 거부 사이를 오가며 판단을 유보할 수 있게 해주었다.

우울에 빠져 있을 때, 스스로에게 환멸을 느낄 때 우리는 다른 이들의 비범한 정신을 보지 못하고 그들의 결점과 실패만을 들여다본다. 그들 내면의 삶을 마음속으로 그려보기에는 우리의 상상력이 지독히도 빈약하기 때문이다. 그렇게 침울해 있을 때면 우리는 다른 이들에게 자기변호의 기회를 주어야 한다는 것을 잊고 만다. 모두에게 동일한 잣대를 들이대며 각자의 형편을 고려

하지 않는다. 그들이 누릴 수 있는 권리는 그것뿐이라는 듯. 그러나 이 책에 등장하는 인물들은 정반대로 생각하고 행동했다. 그들은 판단을 유보하고 삶이 흘러가는 것을 관찰하며 결과보다는 과정에 관심을 둔 귀한 자질을 지닌 사람들이었다. 나는 바로 그런 이들의 도움을 받아 평범하고 그만하면 괜찮은 삶의 아름다움을 널리 알리고 싶었다.

평범하고 그만하면 괜찮은 삶이란,
헛된 야망의 실현이나 비겁한 타협이 아니라
타인을 다른 시선으로 바라보려는 노력이며,
떠들썩한 성공 뒤에 숨어 있는 것들에 관심을 가지려는 의지다.

평범함은
미덕인가, 악덕인가

●

　우리가 누구든, 무엇을 이루었든 보다 성공한 삶을 살지 못한 것을 후회하지 않는 사람은 없을 것이다. 물론 우리는 무언가를 성취하고 세상의 왕이라도 된 듯 짜릿한 순간들을 맛보기도 했을 것이다. 그러나 그런 순간들은 이내 덧없이 지나가고 그 자리에는 우리의 지위, 우리의 책임, 우리의 영향력에 대한 의구심이 들어선다. 지진이니 전쟁이니 살인이니 아침 뉴스가 제아무리 끔찍하다 해도, 우리가 가장 두려워하는 것은 나 자신이 하찮게 느껴지는 것 아니겠는가. 갑작스럽게 중년의 위기를 맞아 무척 상심해 있는 친구에게 원만하지 않은 부부 관계를 청산하고 불안정과 혼동을 택한 이유가 무엇인지, 무기력과 자신에 대한 의심보다 차라리 고통을 택한 이유가 무엇인지 물어본다면 그들은 어떻게 대답할까? 많은 이들이 더 나은 삶을 찾아서, 또는 다시 능력을 인정받기 위해 기어코 지루한 일상에서 벗어나려 하지만 '그것만으로 충분치 않다'는 느낌에서 빠져나오는 것이 녹록지 않다는 것을 깨닫기까지는 그리 오랜 시간이 걸리지 않는다. 그리고 일상에서 벗어날 수만 있다면 무엇이든 할 준비가 되어 있는 이 불안한 사람들에게도 고대 로마에서 일컬은 '황금의 중용aurea mediocritas'을 지켜야 하는 순간이 오게 마련이다. 중용은 모든 극단을 경계하고, 균형과 절도의 정신에서 벗어난 모든 것이 헛된 것임을 강조한다.

실제로 '적당한 평범함'이 일종의 미덕이던 시절이 있었다. 아리스토텔레스, 호라티우스, 마르티알리스의 글이 이를 증명한다. 당시 중용은 하찮은 성과나 답보 상태를 합리화하는 구실이 아니었다. 평범함은 정말로 '황금'같이 여겨졌다. 특히 황금의 중용은 무척 신중한 자들이 성공과 자기애로 인해 삶의 균형이 깨지려 할 때 극단을 멀리하기 위해 선택한 미덕이었다. 호르헤 루이스 보르헤스가 "예술의 유혹 중에서 가장 천박한 유혹, 즉 천재인 체하고자 하는 유혹"⁵이라고 위트 있게 꼬집은 이유 역시 같은 맥락에서 이해될 수 있다.

우리는 위대해지고 싶다는 오만한 꿈을 꾸며 존재감 없이 그늘에 묻혀 있어야 할지도 모른다는 두려움을 잠시나마 잊곤 하지만, 그런 꿈은 언제나 무상할 뿐이다. 그렇다면 성공의 덧없는 기쁨과 우리의 직관에 반하는 절제의 미덕을 어떻게 적절히 조화시킬 수 있을까? 그리고 왜 그토록 많은 철학자들(아리스토텔레스부터 스피노자까지)과 작가들(조지 엘리엇부터 에마뉘엘 보브까지)은 신중한 자들을, 말하자면 그저 그런 평범함을 '그만하면 괜찮다'는 미덕으로 바꾸면서 평범함에 덧씌워진 오명을 벗겨주려 했을까? 예컨대 버지니아 울프는 우리에게 "어느 평범한 날, 어느 평범한 마음"을 들여다볼 필요가 있다고 말했다. 울프는 이 평범함을 "사소한 것, 환상적인 것, 덧없는 것, 또는 날카로운 강철로 새긴 듯한 것, 그 무수한 인상"이라고 표현했다.⁶ 실제로 울프에게 평범한 것은 아무것도 없었으며 모든 것은 생명의 순간이었다. 비록 바깥에서 볼 때 대부분의 존재가 본질적으로 무생명의 순간들로 점철된 것처럼 보였을지라도 말이다.⁷

그리고 나는 마침내 비관의 시기에서 빠져나왔다. 그 시기에 나는 늘 비극적인 주인공들에게 이끌렸고 화려하게 빛나는 다른 이들을 초조하게 바라보며 낙심하고 절망했다. 그러나 이제는 뭐라 규정하기 어려운 미묘한 중용을 기꺼이 받아들인 성공 회의론자들에게 더욱 공감한다. 황금의 중용은 언제나 쉽게 드러나지 않는다. 그것은 공과 사, 평범함과 화려함을 분간하려는 이의 눈앞에서만 반짝거리며 빛을 낸다.

황금의 중용을 추구한다는 것이 현상 유지에 만족한다는 뜻은 아니다. 가끔 나는 이카로스에게 너무 높게도, 너무 낮게도 날지 말라고 충고한 다이달로스의 충고에 공감한다. 그러나 또 어떤 때는 태양에 더 가까이 다가가고 싶어 하고 파도를 만지고 싶어 하는 이카로스의 어쩔 수 없는 욕망을 이해한다. 일렁이는 바다는 분명 단단한 육지보다 훨씬 더 몽환적이고 매력적으로 보인다. 그러나 그런 두 극단 중 하나를 선택하는 것이 삶이라고 생각한다면 크나큰 오산이다.

야망과 절제가 양극단에 있다고 생각하는 것은 단세포적이다. 두 개념은 연속선상에 있지만, 양극단만을 바라보다 보면 중간지대는 어느덧 시야에서 사라진다. 중용을 설파하며 훈계를 늘어놓고 싶지는 않지만, 그럼에도 나는 과거처럼 시간을 허비하지 않기 위해 눈에 잘 띄지 않는 이 중간지대를 강조하지 않을 수 없다. 실재하는 인물이든, 가공의 인물이든 무대 뒤편에 있는 인물들을 다른 시선으로 바라보면 어떨까? 무대 위로 나서지 않으면서 그들은 어떻게 결정적인 역할을 할까? 그럼 이제부터 평범하기 짝이 없는 그들이 어떻게 보이지 않는 것들을 보이게 하는지, 그리하여 좋은 삶을 사는 데 방해가 되는 얽힌 실타래를 어떻게 풀게 해주는지 천천히 알아가보자.

우리는 왜 중용을
기피하게 됐을까?

●

    평범함을 뜻하는 프랑스어 '메디오크리테médiocrité'는 '메디어스medius, 중간'와 '오크리스ocris, 산'라는 라틴어에 어원을 두고 있다. 이는 글자 그대로 가파른 산 중턱 외딴 구석에 갇혀 있는 상태를 의미한다. 우리가 이런 적막한 산골에 틀어박혀 있다고 상상해보자. 눈에 보이지 않는 존재가 된 것 같은 느낌이 들 것이다. 시인 옥타비오 파스Octavio Paz의 에세이 「멕시코 가면Máscaras Mexicanas」에 등장하는 하녀처럼 말이다.

    어느 날 저녁, 옆방에서 바스락거리는 소리가 들려와 나는 큰 소리로 물었다.

"거기 누가 있소?"

"아무도 없습니다, 나리. 저예요."[8]

세상은 이렇게 '눈에 보이지 않는' 사람들로 가득 차 있지만, 다른 이들을 '눈에 보이지 않게 하는' 힘을 가진 사람들 또한 많다. 투명인간이 된 듯한 감정을 느껴보지 않은 사람이 어디 있을까. 이런 이유로 나는 사소한 것들의 존재감을 예찬한 시인, 소설가, 극작가에게 커다란 고마움을 느낀다.

현시대에는 중용이 설 자리가 거의 없다. 이제 누구도 아리스토텔레스가 말한 '에우다이모니아eudaimonia', 즉 우리의 어쩔 수 없는 한계를 인정하고 존중하는 귀중한 중용에 관심을 기울이지 않는다.[9] 특히 아리스토텔레스와 호라티우스는 이미 오래전 기쁨과 고통의 양극단 사이에 있는 중용을 따라야 한다고 역설했다.[10] 그런데 우리는 왜 그들이 그토록 강조했던 중용을 기피하게 되었을까? 아리스토텔레스가 지나치게 성급한 판단을 막아주는 신중한 거리 두기로 여겼던 중용을 우리는 과단성의 결여나 비겁한 무관심으로 바라보는 듯하다. 예컨대 단테는 『신곡』에서 "누군가에게 욕도 먹지 않고 칭찬도 받은 적이 없는 불행한 영혼들"을 최악의 인간으로 규정하며 그들은 비참한 모습을 하고 있다고 신랄하게 비꼬았다. 우리는 분명 악한 천사와 선한 천사가 전투를 벌일 때 중립을 지킨 '비겁한 천사'로 취급받기를 원치 않는다. 그러나 단테는 보다 미묘한 성공의 형태를 간과한 것이 아닐까? 비난으로 가득한 삶과 칭찬으로 가득한 삶 중간지대에 또 다른 많은 길이 있지 않을까? 그러므로 중립을 지킨 비겁한 천사로 취급받는 것에 대해 다시 생각해볼 필요가 있다.[11]

고대 그리스에서 중시된 '소프로시네sophrosyne'가 왜 현재는 기피되는지 우리는 어렵지 않게 알 수 있다. 그것이 충분히 극단적이지 않기 때문이다.[12] 자기 절제와 중용을 뜻하는 소프로시네는 판도라 상자에서 빠져나와 인간들을 버리고 올림포스 산으로 돌아가버렸다. 열정에 불타는 스무 살 청년들에게 자기 절제와 중용에 대해 설교를 늘어놓는다고 상상해보자. 나만 해도 그 나이 때는 비극적 결말로 치닫는 음울한 러시아 소설에 푹 빠져 있었다. 판도라 상자 안에서 들끓고 있는 그 모든 것에 훨씬 더 매력을 느꼈던 것이다. 그로부터 수십 년이 지났지만 나는 지금도 어떤 젊은이가 아리스토텔레스가 말한 괜찮은 삶에 동의할 수 있을지 고개를 갸웃하게 된다.

젊은 시절 나는 델포이 신전 박공에 새겨진 "아무것도 지나치지 않게"라는 격언에 공감하지 못했다. 더구나 당시 내가 대학에서 듣던 모든 흥미로운 수업은 자기 절제나 중용과는 전혀 다른 이야기를 하고 있었다. 실제로 찰스 디킨슨의『황폐한 집』에 나오는 순종적이고 겸손한 여주인공 에스더 서머슨이나 소포클레스의 이스메네[13]보다 고통에 괴로워하는『죄와 벌』의 라스콜니코프가 내게는 훨씬 더 매력적으로 다가왔다. 그래서 당시 나는 중용이란 힘겨운 노력을 피하기 위한 핑계일 뿐이라고 생각했다. 위대한 문학에 영감을 주고 인간관계에 비극적 힘을 부여하는 것이 극단이라고 생각했던 내가 어쩌다 결국에는 평범하고 소소한 것들에 이끌리게 되었을까?

쇼펜하우어의
말에
고개를
끄덕일지라도

젊을 때
끌리는 이야기

●

   '그만하면 괜찮다'에 대한 나의 견해는 수년간 변화를 거듭했다. 돌이켜보면 나는 젊은 시절에는 그 말 자체를 싫어했는데, 그것이 나약함과 용기 부족의 동의어처럼 보였기 때문이다. 더구나 나는 그런 말을 하는 사람들을 비겁하다고 생각했다. 실제로 아리스토텔레스의 중용에 공감하지 못했다. 그래서 그 개념을 강의하는 것은 고사하고 나 자신조차 그것을 쉽게 이해하지 못했다. 플라톤이나 아우구스티누스에 대해 논하는 것이 훨씬 수월했다. 그런데 당시 내가 가르치던 학생들은 그들의 사상에 반감을 드러냈다. 학생들은 철학자와 신학자의 금욕적 원칙에 반대하며 자신들이 가장 친숙하게 여기는 한 사상가와 그들을 비교했다. 그 사상가는 바로 도발적인 우상 파괴론자 니체였다.

앞날이 창창한 학생들이 평탄한 삶에 안주하려고 하지 않는 것은 어쩌면 당연한 일이었다. 실존적 또는 교육적 관점에서 볼 때 그들의 반발심도 이해가 가는 측면이 있다. 주변의 젊은이들에게 절제하고 인내할 줄 알아야 한다고 훈계를 늘어놓아봤자, 마주하는 건 그들의 영혼 없는 눈빛일 것이다. 이카로스는 너무 높게도, 너무 낮게도 날지 말라는 아버지의 충고를 따르지 않아 바다에 빠졌지만, 나였어도 그랬을 것 같다. 밀란 쿤데라가 자신의 소설에 "삶은 다른 곳에"라는 제목을 붙인 것도, 쇼펜하우어가 "우리의 삶은 욕망이 충족되는 순간 만족감을 얻지만 이내 권태에 빠지고 만다"라고 이야기한 것도 모두 같은 맥락에서 풀이될 수 있다.

우리 대부분은 무대 뒤편에 있기를, 조연을 맡기를 원하지 않는다. 내가 당시 남들과 달라 보이고 싶어 하고 모욕과 멸시를 그토록 괴로워했던 건, 단지 남들보다 앞서 나가고 싶어서가 아니라 한 자리에 머물러 있는 것이 견딜 수 없었기 때문이었을 것이다. 그때 나의 여행 동반자이자 내 우울의 스승은 쇼펜하우어였다.

어느 평범한 날,
어느 평범한 마음을 들여다볼 필요가 있다.
_ 버지니아 울프

'그만하면 괜찮다'는 마음과
권태의 차이

●

　나는 대학 시절 러시아어 수업을 들으면서 쇼펜하우어를 접하게 되었다. 쇼펜하우어 역시 내가 가장 좋아했던 세 소설가인 투르게네프, 곤차로프, 톨스토이의 열렬한 독자였다. 당시 내가 아는 사람 중 가장 나이가 많았고 사람을 끌어들이는 매력이 있던 러시아 이민자 출신 교수는 자신의 지팡이를 열정적으로 휘두르며 미망에 빠진 우리를 깨우치는 일에 큰 희열을 느끼고 있었다. 그는 내가 이상론에 빠져 있다며 빈정댔고, 우리에게 신중해야 한다고 훈계하기는커녕 우리가 쇼펜하우어의 복음을 얼마나 잘 이해하고 있는지 확인하곤 했다.

쇼펜하우어는 "삶이란 욕망과 권태를 오가는 시계추일 뿐"이라고 말했다. 그 교수는 '파괴적인' 행복은 결국 존재론적 절망을 초래한다고 주장한 쇼펜하우어를 행복이라는 거대한 이상에서 벗어날 출발점으로 우리에게 제시했다. 그는 그때 열아홉 살의 한 소녀가 번번이 보상되지 않는 욕망에 사로잡히곤 했다는 것을 어렴풋하게나마 눈치챘는지도 모른다. 그는 만면에 미소를 띠고 우리에게 욕망을 따르라고 하면서도, 갈망하던 것을 손에 넣었다고 해서 완벽한 만족감을 느낄 거라는 기대는 하지 말라고 못박았다. 그런데 이상하게도 그 말을 듣고 오히려 내 마음은 편안해졌다. 그때 내가 공부를 통해 얻은 것은 내 인생이 좌절된 희망과 몹시 무거운 우울로 점철되어 있다는 사실을 깨달은 것이 아닐까? 게다가 나는 자기희생과 고통이 내게 더 잘 어울린다고 여기며(이 얼마나 비극인가!)『죄와 벌』의 소냐(젊은 여성에게 그야말로 끔찍한 롤 모델이 아닌가!)처럼 체념에 빠져 있었다.

쇼펜하우어는 만족감이란 지속되지 않으며 충분히 행복하고 안온한 삶 역시 오래 유지되지 못한다고 주장했다. 그러면서 그는 '황금의 중용'이 우리를 행복하게 해줄 수 있다고 믿는다면 그것은 환상일 뿐이라고 일갈했다. 왜일까? 그는 인간의 만족은 지속되지 않기 때문이라고 설명했다. 욕망이 채워지지 않으면 결핍으로 괴롭고, 욕망이 채워지면 권태로 괴롭기 때문에 모든 만족감은 순간에 불과하다는 것이다. 결국 삶이란 필연적으로 실망할 수밖에 없는 욕망을 좇는 것이다.

> 만족 또는 흔히 행복이라고 부르는 것은 본질적으로 언제나 '소극적인' 것에 불과하며 결코 적극적인 것이 아니다. (중략) 만족은 소망을 사라지게 하고, 그리하여 기쁨을 사라지게 한다. 그렇기에 만족이나 행복의 실현은 고통의 완화, 욕구 충족 이상의 무언가가 될 수 없다.[1]

쇼펜하우어는 『의지와 표상으로서의 세계』에서 삶은 권태롭고 만족감은 지나치게 높이 평가되고 있다고 말했다. 또한 그는 우리가 살아 있음을 느끼게 해주는 것은 결과가 아니라 무언가를 추구하는 그 자체에 있다고 주장했고, 나는 결국 그에게 설득당했다.

그는 만족감이란 이제는 충족되어 사라져버린 과거의 고통과 결핍을 떠올릴 때 간접적으로만 느낄 수 있는 것이라고 했다.

또 만족은 고통을 사라지게 하면서 그저 소극적으로만 우리를 행복하게 해주기 때문에 우리는 우리가 누리는 행복과 기쁨을 실질적으로 인식하지 못하고 그저 상상만 할 뿐이라고 덧붙였다. 다시 말해, 우리는 만족이 사라진 후에야 비로소 그 가치를 깨닫게 된다는 것이다.[2]

죽음의 문턱을 밟아본 사람이라면 누구라도 쇼펜하우어의 말에 고개를 끄덕일 것이다. 곤경에서 벗어나 느끼는 더할 나위 없는 안도감, 그 행복감은 몇 주, 심지어 며칠만 지나도 슬프지만 서서히 사라져버린다. 그리고 그런 허울뿐인 만족감은 이내 우울감으로 바뀐다. 사라지지 않는 권태를 주요 테마로 다룬 최초의 소설 중 하나로 꼽히는 곤차로프의 『오블로모프Oblomov』는 쇼펜하우어의 이런 주장을 완벽하게 방증한다. 스톨츠와 올가는 한때 행복한 부부였지만, 어느덧 그들의 관계에 균열이 생긴다. 스톨츠는 침울해 보이는 아내에게 이렇게 묻는다.

"기분이 안 좋소?" 그가 다시 물었다.

"아니요. 왜 그렇게 묻는 거죠?"

"그럼 지겨운 모양이군!"

〈중략〉

"아니, 아니에요!" 그녀가 태연한 척 부인했지만, 삐져나오는 권태를 숨길 수는 없었다.

〈중략〉

"난 불행해요!" 그녀가 책망하듯 되뇌었다. 그 말에 그는 복도 한가운데에 멈춰 섰다. "네, 불행해요…. 너무나 행복해서!"[3]

올가는 평범한 결혼 생활을 하고 있지만 그저 우울하기만 하다. 그녀의 대답에 남편 스톨츠는 쇼펜하우어를 소환한다.

"우리는 이 우울을 견뎌야할 뿐 아니라 사랑해야 하오. 그리고 의심과 질문을 소중히 여겨야 하고. 그런 것들은 모든 것이 충족되고 호사를 누릴 때, 보편적 욕망이 사라질 때 행복의 정점에서 나타나지. 〈중략〉 우리가 슬픔과 궁핍 속에 있다면 그런 것들은 들어설 자리가 없을 테니 말이오."[4]

대학 시절 나는 그 무엇으로도 치유되지 못했다. 당시 누군가가 대학이 나를 치유해줄 수 있을 거라고 말했다면, 지금의 나라면 피식 웃고 말았을 것이다. 곤차로프의 소설 속 인물의 입에서 나온 '우울을 사랑해야 한다'는 말은 러시아 문학 마니아였던 내게는 자학적 환상에 나 자신을 내맡겨도 된다는 허락이나 다름없었다. 스톨츠와 올가는 러시아 소설이 끊임없이 이야기하는 그 기이한 '권태'에 정당성을 부여해주는 흔치 않은 인물들이었다.

스톨츠가 아내에게 한 충고는 정확히 무슨 뜻이었을까? 그를 매력적인 인물로 만들어준 것은 다름 아닌 체념과 인내였다는 것을 나는 이제야 깨닫는다. 그의 체념에는 무엇보다도 순교자의 영웅적 면모가 배어 있다. 당시 나는 마치 수녀가 되겠다는 이들이 결심을 하듯 학업에 내 인생을 바치겠다고 결심했다. 스톨츠의 체념은 나의 결심과 너무나도 닮아 있었다. 모든 길은 쇼펜하우어로 통했다. 쇼펜하우어는 대학 시절 내가 수강한 모든 수업 구석구석에 자리를 차지하고 있었다. 그중에는 체념의 대가인 쇼펜하우어를 칭송한 니체에 관한 수업도 있었다.

쇼펜하우어는 인간이 행복을 위해 노력하는 실질적인 또는 표면적인 방식을 구분할 수 있게 해주고, 삶의 가치를 발견하지 못할 때 부도 명예도 지식도 인간이 느끼는 지독한 무력감을 없애지 못한다는

것을 우리에게 가르쳐준다.(중략) 그것은 분명 깊고 내밀하게 체념으로 이어지는 노력이다.[5]

쇼펜하우어에게 바치는 니체의 오마주로 인해 성공의 지나친 과시에 대한 나의 회의주의는 더욱 견고해졌다. 이 두 명의 위대한 철학자가 분별없이 부자가 되고 싶다거나 존경받고 싶다는 헛된 야망을 품는 일에 반대한다고 주장한 것은 내게 큰 위로가 되었다. 그런데 니체가 결국에는 내 회의주의의 영웅인 쇼펜하우어를 비판할 거라는 사실을 알기 전에 공교롭게도 나는 니체에 관한 수업을 더 이상 듣지 않게 됐다. 그때 니체가 쇼펜하우어를 비판하는 글을 읽었더라면 "인생은 고통"이라는 쇼펜하우어의 말을 의심했을까? 실제로 니체는 끝내 쇼펜하우어의 염세주의를 비판했다.

쇼펜하우어는 삶을 허무주의적으로 완벽하게 과소평가하기 위해 자신에 대한, '삶의 의지'에 대한 커다란 확신, 즉 삶에 대한 적극적인 태도와 같이 상반된 개념을 자신의 주장에 끌어들이는 사악하고 천재적인 시도를 했다. 그는 예술, 영웅주의, 천재성, 아름다움,

커다란 연민, 지식, 진실에의 의지, 비극을 모두 '부정'의 결과 또는 '의지'를 부정하고자 하는 욕구로 해석했다.[6]

그런데 정말 유감스럽게도 내가 이 구절을 읽게 되었을 때는 이미 때가 너무 늦어버렸다(뭐 거의 그렇다고 할 수 있다). 내가 공부를 하면서 얻은 것은 분명 적극적인 삶의 태도가 아니었다. 내가 좀 더 가벼운 삶의 태도를 가졌더라면 니체의 글을 보다 잘 이해했을지도 모른다. 쇼펜하우어가 건드린 모든 것은 결국 그 가치가 하락하고 만다는, 다시 말해 아름다움이 실존적 절망으로 변모하고 만다는 니체의 지적은 나의 우울한 기질에 대한 정확한 진단이었다.

'평범하다', '그만하면 괜찮다'에 대해 다시 생각해보면, 당시 내가 이해한 체념은 아리스토텔레스가 말한 중용과는 아무런 관련이 없었다. 그것은 평범하고 그만하면 괜찮은 삶과는 너무나 거리가 먼 극단적인 형태의 '단념'이었던 것이다. 나는 나중에서야 기쁨도 고통도 극단으로 가는 것보다 중도를 지키는 것이 훨씬 더 어렵다는 사실을 깨닫게 되었다. 생각해보면 우울은 내가 무언가를 선택할 때 용기를 북돋아주었다. 대학 동기들이 파티를

할 때 나는 그들의 선택은 시시하고 나의 선택은 우아하다고 믿으며 스스로를 위로했다. 그래서 러시아어 수업을 같이 듣던 동기들 중 드물게 농담을 좋아하던 한 친구가 "너는 영혼의 구렁텅이에 빠져서 허우적대고 있다"고 빈정거렸을 때도, 나는 그저 미소를 지어보였다. 그 농담이 썩 마음에 들었던 것이다.

사랑의 열병이 주는 묘한 설렘이나 완벽한 고독에의 도취를 비판하기는 어렵다. 그러나 도스토예프스키의 작품에 푹 빠져 있을 때 나를 관통했던 전류에 닿은 듯한 충격, 응축된 고통은 '실제 삶'에서는 찾아볼 수 없었다. 당시 나는 내 인생만큼이나 형편없는 독서를 하고 있었던 것 같다. 이를테면 몇몇 위대한 19세기 소설에 등장하는 해피엔딩을 싫어했다. 『전쟁과 평화』의 나타샤나 『미들마치』의 도로시아는 꼭 그렇게 단정하고 현숙한 아내가 되어야만 했을까? 그리고 그들의 그런 운명은 예술적으로도 인간적으로도 정말 평범하고 괜찮은 것이었을까?

열정에서 이성으로, 소설에서 일상으로 얌전히 돌아가는 것은 내게 자멸이나 다름없었다. 내가 좋아했던 소설이 그랬듯, 나의 지적 생활 역시 즐거움과는 거리가 멀었다. 그것은 차라리 종교적 체험이라 할 수 있었다. 보다 강렬한 삶을 추구했던 나는 수

많은 종교 문학 작품을 읽었고, 거기에 등장하는 수도사들이나 수녀들에게 이상하리만치 쉽게 감정 이입을 하며 그들이 보여주는 자기 초월과 희생에 깊이 감동했다. 그것은 바로 '그것으로 충분치 않다'는 마음이 내 안에 자리 잡고 있다는 또 다른 신호였다. 그것은 내가 터무니없는 또 다른 현실을 추구하고 있을 뿐만 아니라 나를 다른 이들과 구별 지을 수 있는 무언가를 찾고 있다는 신호이기도 했다. 말하자면 나는 영혼의 질병을 다루지 않는 그 모든 것을 천박하고 시답잖게 여기며 배척했다. 이런 극단적인 편협함은 대개 가치와 고통의 관계를 그릇되게 이해한 데서 비롯되었다. 비관적인 철학적 텍스트(파스칼과 키에르케고르도 내가 탐독하던 작가 중 하나였다)를 읽으며 가짜 러시아인의 영혼을 갖게 될수록 나는 주변을, 특히 다른 사람들을 의식적으로 들여다보지 않으려고 했다.

나의 세계에서는 두 가지 활동이 분명하게 구분되어 있었다. 가치가 있다고 판단되는 활동과 관심을 가질 만한 이유가 없다고 판단되는 활동으로 말이다. 책, 그중에서도 철학 책들은 그다지 엄격하지도 심오하지도 않은 것 같은 외부 세계로부터 나를 보호해주었다. 추상적 관념은 내게 가치의 동의어였다. 나는 주변을 돌아보고, 소소한 일상을 관찰하고, 사람들이 무엇을 하는지 살펴보고, 그들이 어떤 사건에 어떻게 대처하는지, 왜 책과는 아무런 상관도 없는 경험에 열중하는지 알아보려고 하지 않았다. 눈앞에 있는 것들을 더 이상 보지 못하게 된 것이다.

학위를 딴 후 나는 대학에서 고전문학 강의를 맡게 되었고, 열의를 갖고 아우구스티누스의 사상을 가르쳤다. 당시 인간이 스스로를 특별한 존재라고 생각하는 것에 매우 거부감을 느끼던 한 여학생이 아직도 기억난다. 그 학생은 그 나이 때의 나와 얼마나 다른 생각을 갖고 있었던가! 그녀는 추상적 관념을 회의적으로 바라봤고 사람이 신의 형상을 본따 만들어졌기 때문에 다른 생명체보다 우월하며 선택받은 존재라고 말한 아우구스티누스의 사상을 못마땅해했다. 또 아우구스티누스가 제시한 규범에도 이의를 제기했다. 그런데 무신론자였음에도 그 학생이 거북해한 점은 인간에게는 사유하고 추론하는 능력이 있기 때문에 그 자신도 일종의 신성에 속하는 우월감을 느낀다는 것이었다.

그러나 그녀는 신은 죽었다는 니체의 주장 또한 인정했기 때문에 신적인 것이 아니라 너무 인간적인 것 때문에 괴로워했다. 인간이 자신의 주관성만으로 소위 '위대함'을 만들어낼 수 있다는 사실이 그 학생을 극도로 불편하게 했던 것이다. 그녀는 왜 자신의 영혼에 그런 신뢰와 자부심을 끌어들여 그것이 물질세계보다 한없이 우월하다고 떠받드는지 스스로에게 물었다. '나는 나 자신을 신격화한 것이 아니었을까?' '그렇다면 스스로 사유할 수 있는 특별한 능력은 대체 무엇일까?'

나는 그 학생이 던진 회의적인 질문에 진심으로 감탄했다. 학생은 지적 노동에서 얻어지는 고유한 우월감 때문에 혼란스러워했다. 지적 생활은 사소한 것들, 즉 자연에 대한 우리의 애정을 퇴색시킬 위험이 있었다. 그녀는 아우구스티누스가 자신을 신으로부터 멀어지게 한다며 도마뱀과 산토끼를 싫어했다는 것을 알고 분노했다. 또한 인간이 예술과 문학과 철학에 목숨을 바칠 수 있다는 나의 확신을 오만하다고 생각하기도 했다. 우리는 그 주제로 열띤 토론을 벌였다. 나는 추상적 관념과 예술을 위한 예술을 옹호했다. 기지가 번뜩였던 학생은 내게 그 두 가지야말로 내가 열정을 가지고 있는 것이기도 하고 나를 버티게 해주는 것이 아니겠느냐고 지적했다. 지금 나는 그 학생과 그 주제에 관해 다시 이야기를 나눠보고 싶다. 범상치 않은 지성을 갖고 있던 그녀가 무엇을 하며 살고 있는지 궁금하다.

얼마 전 나는 뮌히하우젠 남작(18세기 독일의 귀족으로, 그의 거짓말 같은 무용담은 민담으로 전해진다 – 옮긴이)이 등장하는 삽화를 우연히 보게 되면서 그 학생의 고민을 더 잘 이해하게 되었다. 삽화에서 늪에 빠진 남작은 자기 머리카락을 위로 잡아당겨 말과 함께 그곳에서 빠져나오려고 안간힘을 쓰고 있었다. 무척 우스꽝스러운 장면을 보자 그 학생의 고민이 떠올랐다. 그녀는 이 세계에 오직 자신만이 실재한다는 유아론적 사유에 빠져 있는 우리가 사실 저 엉뚱한 남작만큼이나 허황되다는 말을 말하고 싶었던 것이 아닐까? 우리가 허우적거리고 있는 늪은 다름 아닌 '우리 자신'이며, 정신적 방황에서 자신을 구하려는 생각에만 빠져 있다면 우리는 머지않아 유아론에 매몰되고 말 거라고 말하고 싶었는지도 모른다. 그 학생은 주관적 관념이라는 위험으로부터 자신을 보호하려고 했던 것 같다. 평범함은 결코 비난받을 일이 아니며 신성에 대한 열망만이 우리가 갈 수 있는 유일한 길은 아니라고 말하고 싶었으리라.

3장

타인의
시선을
두려워하면
생기는
일들

우리가 자기 삶에
만족하지 못하는 이유

•

어떤 모임에 참석할 때 누가 가장 성공했는지, 누가 나보다 잘났고 못났는지 따져보지 않는 사람이 있을까?[1] 왜 우리는 그런 사회적 행동을 할까? 사회생활을 하며 느끼는 수치심이나 자부심은 인류의 진화 과정에서 어떤 역할을 했을까? 사회학자 노르베르트 엘리아스Norbert Elias는 인간의 이런 반응이 너무나도 자연스러운 것이라고 설명했다. 타인의 시선 앞에서 느끼는 불안과 모욕은 문명화 과정에서 드러나는 현상이라는 것이다. 엘리아스에 의하면, 인간은 자신에게 주어진 지위를 받아들이는 법을 배우면서 권력과 법의 구조를 형성하고 강화하고 지속시킨다. 다시 말해, 개인의 열등감은 단지 그 자신만의 상처가 아니다. 그것은 권력 관계의 물리적 영향력이 미치지 않는 곳에서 자신의 지위를 수용하게 함으로써 사회의 현상 유지에 기여한다. 엘리아스는 하나의 분자 덩어리처럼 서로 얽혀 있는 우리 모두가 이 질서를 유지하는 데 가담하고 있다는 비관적인 견해를 제시했다.

> 이런 근본적인 상호 침투는 인간이 계획하고 행동할 때 어떤 개인도 구상하거나 창조하지 못한 변화를 일으키고 구조를 확립한다. 사람들 간의 상호 의존은 특정한 질서, 다시 말해 질서를 주관하는 이들의 의지와 이성보다 더욱 절대적이고 위압적인 질서를 만들어낸다. 역사적 진화의 흐름을 결정하는 것이 바로 이 상호 의존의 질서다. 문명화 과정의 기저에 깔려 있는 것 역시 바로 그런 질서다.[2]

다양한 개인의 복수성을 인정하면서도, 우리는 왜 그토록 평범함이라는 회색 지대에서 벗어나려고 애쓰는 것일까? 누군가는 중용이나 '그만하면 괜찮다'는 마음을 추구하는 것은 도전을 피하려는 비겁한 핑계일 뿐이라고 말할 것이다. 그래서 나는 앞서 언급한 황금의 중용이 지닌 의미를 되짚어보고 이를 실패와 구분하면서 그 속에 숨은 진짜 의미가 무엇인지 찬찬히 들여다보리라 마음먹었다.

우리 대부분이 타인의 인정을 갈망하는 것은 사실이지만, 이는 주변 사람들의 성취(또는 실패)에 큰 영향을 받는다. 나의 행위는 상대가 있어야 존재할 수 있고, 그들에게서 받는 영향이 긍정적인지 부정적인지에 따라 달라진다. 내가 불만족을 느끼는 가장 큰 이유는 보편적인 성공의 개념이 나의 능력, 나의 한계와 대립되는 데서 기인한다. 나는 평범함이란 이도저도 아닌 회색 지대에 존재하는 것이며, 수많은 보잘것없는 사람들, 삼류작가나 아류들과 같은 부류로 묶이는 것이라고 생각했다. 엘리트 사회에서 평범하다는 것은 심각한 핸디캡이자 수준 높은 대화를 가로막는 장애물이며, 나아가 사회적 사형 선고와도 같다고 여겼다.

그러나 평범함에 대한 두려움은 계급, 인종, 성별을 가리지 않는다. 평범함은 주로(그리고 유감스럽게도) 리더보다는 추종자에게서, 적극적인 사람들보다는 소극적인 사람들에게서 발견된다. 딱히 리더가 될 만한 자질이 없더라도 우리는 뒷전으로 밀려나길 원치 않는다. 설사 우리에게 약점이 있다 하더라도 어쨌든 우리는 그것이 자신만의 약점이며 자신과 타인을 구별하고 자신을 특별하게 만들어주기를 바란다.

타인들의 기대에 찬 시선에 둘러싸여 있다는 느낌이 들 때, 나는 그것으로 충분치 않다는 괴로움에 빠지게 된다. 나의 자격지심을 건드리는 그들의 의심쩍은 시선(사실 그저 평범한 시선이지만)은 '기대'와 '성취' 간에 충동을 일으킨다. 말하자면 내가 바라던 성취와 그들이 기대한 성취 간에 간극이 생기는 것이다. 그런 시선이 없다면 나는 분명 그 정도로 심한 자격지심을 느끼지는 않을 것이다.

최후통첩으로 느껴지는 그들의 시선은 나를 빤히 바라보면서 내가 세운 목표(경력 또는 성공)가 무엇이든 그것은 영원히 미뤄질 수 없다고 나를 압박한다. 그리고 결국 누군가는 나의 무능함을 알아챈다. 이런 대립이 대부분 나 자신과 내 상상 속의 타인들 간에 벌어지는 일이라 해도 두려움으로 다가오기는 매한가지다. 아리스토텔레스가 제아무리 개인의 성공과 행복의 이상을 "그 무엇도 아닌 스스로가 만족할 수 있는"[3] 상태라고 정의했다 한들, 현실을 무시하고 그럭저럭 괜찮은 평범한 삶을 기준으로 삼는 사람은 극히 드물다. 우리 자신이 우리가 품은 원대한 야망의 원인이자 결과라고 해도, 우리가 열망하는 진리와 성공은 대개 타인의 성공에 영향을 받는다. 그래서 우리는 자신의 삶에 결코 만족하지 못한다.

토마스 베른하르트의 소설 『몰락하는 자』가 이를 완벽하게 예증한다. 이 소설은 훌륭한 피아니스트를 꿈꾸던 촉망받는 두 음대생이 세기의 천재 피아니스트 글렌 굴드를 만난 후 벌어지는 이야기를 담고 있다. 소설의 등장인물 베르트하이머와 화자인 '나'는 잘츠부르크 음대에서 거장 호로비치에게서 피아노를 사사하고 있다. 그런데 그들은 천재 글렌 굴드를 만나게 되면서 자신들의 예술적 재능을 의심하고 절망에 빠진다. 글렌 굴드를 뛰어넘을 수 없다고 생각한 두 사람은 결국 피아노를 포기하기에 이른다. 그리고 한 사람은 끝내 스스로를 죽음으로 몰아간다. 두 사람은 포기만이 유일한 해결책이라 믿었다. 자신들에게 천재적 재능이 없다는 것을 인정하는 것보다 꿈을 포기하는 편이 그들에게 더 쉬운 선택이었을지도 모른다. 그들은 그렇게 가능성의 문을 굳게 닫은 채, 실패와 원망 속에 스스로를 가두어버린다.

내 연주가 베르트하이머보다는 나은 것 같았지만 글렌 굴드에는 한참 미치지 못했기에 나는 피아노를 그만두었다. 글렌 굴드보다 더 나은 연주를 하고 싶었지만 그것은 불가능한 데다 절대로 일어나지 않을 일이어서 나는 피아노를 포기할 수밖에 없었다. (중략) 실제로 나는 더 이상 피아노에 손도 대지 않았다. (중략) 나는 절대로 뛰어난 피아니스트가 아니라고 생각했다. (중략) 글렌 굴드를 만나지 않았더라면 나는 피아노를 포기하지 않았을 것이고 거장이 되었을지도 모른다. (중략) 최고를 만나게 되면, 포기하는 것 외에 다른 도리가 없다고 나는 생각했다.[4]

이 소설의 화자에게 경쟁이란 '올 오어 낫씽all or nothing'이다. 그는 세계 최고의 피아니스트가 될 수 없다면 어중간한 연주자가 되느니 피아노를 포기하는 편이 낫다고 생각한다. 그에게 타협은 있을 수 없는 일이다. 즐거움에 무감한 것은 스스로를 '몰락하는 자'로 진단한 그들의 보이지 않는 불행이다. 패자가 된다는 것은 단지 삶의 기쁨을 빼앗기는 데서 끝나지 않는다. 그것은 일종의 사망선고와도 같다. 어느 날 갑자기 바흐의 아름다움에 무감각해진 화자가 굴드의 천재성에 서서히, 그리고 광기에 가까울 정도로 잠식되는 모습을 그려내면서 베른하르트가 말하고자 했던 바가 바로 이것이다. 경쟁과 시기는 모든 즐거움을 앗아가고 우리를 고통 속으로 밀어 넣는다. 그리고 그것들은 결국 재능과 아름다움에 대한 감수성을 억누르고 무뎌지게 한다.

베른하르트에 관한 전기에서 그의 이복형 페터 파비안은 베른하르트에게 라이벌이 없었다면, 그가 누군가와 비교되지 않고 '라이벌의 반응'에 고무되지 않았다면 "그는 삶의 불꽃을 스스로 꺼뜨리고 말았을 것"이라고 말했다. 또 베른하르트가 타인의 인정을 받지 못하고 스스로를 넘어설 수 있는 동기를 부여받지 못했다면, 타인에 대한 관심을 완전히 끊어버리고 타협점을 찾기보다 타인을 모욕하는 데 골몰하면서 "악마처럼 변했을 것"이라고 말했다.[5] 베른하르트는 타인에게 다가가 자신이 원하는 것을 얻고 나면, 상대가 스스로를 아주 보잘것없는 사람이라고 느끼게끔 만들었다. 상대에게 인정을 구했다가 그것을 얻고 나면 그를 거부해버리는 이런 어이없는 행동 변화는 타인의 기대에 미치지 못할 것이라는 두려움이 우울한 기질과 깊은 관련성이 있음을 보여준다.

누군가가 처음에 매력적이라고 여겼던 상대를 느닷없이 거절한다면, 문제가 있는 쪽은 거절을 당한 쪽이 아니라 거절을 한 쪽이다. 베른하르트는 논쟁이 없는 대화를 견디지 못했다. 사회적 관계는 원만하지 못했고, 타협은 오래가지 못했다. 영혼들이 다시 만날 수 있는 화합의 공간, 서로 조화를 이루는 공간을 보여주는 미국 시인 월리스 스티븐스의 너무도 평온한 시 구절은 베른하르트가 즐긴 긴장된 관계와 극명하게 대비된다.

우리는 같은 빛 속에서, 영혼의 중심에서

저녁의 대기 속에 하나의 거처를 마련하리니,

그 안에서 함께하는 것만으로도 모자람이 없으리라.[6]

베른하르트의 영혼은 변화하지 않는 세계를 견디지 못해 자신을 자극하는 것을 찾아 끊임없이 이동했다. 그가 타인을 하찮고 별 볼 일 없다고 여겨서가 아니었다. 세계가 움직이고 변화할 때만, 그리고 친구든, 가족이든, 하룻밤 묵고 가는 손님이든 그들이 단절과 상처로 얼룩진 비극에 가담할 때만 이 세계를 흥미롭게 느낀 탓이다. 그저 '함께하는 것'은 베른하르트에게 결코 만족을 주지 못했다. 요컨대 공동체와의 화합에 균열이 일어나야만 그는 만족할 수 있었다. 타인을 도발할 때만 즐거움을 느끼는 그는 '무엇이 되는 것'보다 '그저 존재하는 것'을 중심으로 돌아가는 세상을 지루해했다. 도발할 만한 상대 없이 영혼의 중심을 교감하며 그저 '함께하는 것'은 베른하르트에게 영혼의 죽음이나 마찬가지였다.[7]

　나는 한 피아노 연주자의 바로 윗집으로 이사를 하면서 우연찮게 이런 영혼의 교감을 경험할 수 있었다. 독기 어린 경쟁에 집착했던 베른하르트와 달리, 그는 오로지 자신만을 위해 완벽함을 추구했다. 그는 이제 대중 앞에서 연주할 기회가 거의 없는데도 불구하고, 매일 여덟 시간씩 연습에 몰두했다. 그는 대중으로부터 얻는 영광 대신, 자신만이 알 수 있는 성취를 통해 충만한 만족감을 느꼈을 것이다. 다른 사람들을 위해 연주하는 즐거움이 점차 자신만을 위해 연주하는 즐거움으로 치환된 것이다. 자신이 성장하고 있음을 알고 있는 유일한 증인으로서 오롯이 자신만의 기쁨을 만끽하던 그 연주자는 다양한 곡을 완벽하게 연주하기 위해 부단히 노력했다. 그의 삶은 『몰락하는 자』에 등장하는 인물들의 비극적 삶과 대척점에 있다. 결코 대중의 변덕에 휘둘리지 않는 그의 탁월함은 평범하고 그만하면 괜찮다는 마음이 무엇인지를 우리에게 선명하게 보여준다.

　아리스토텔레스는 '아레테[arete]'(탁월함 혹은 도덕적 미덕을 의미하는 그리스어다 – 옮긴이)뿐만 아니라 행복도 이런 주체성을 가질 수 있다고 말했다. 계산적이지도 세속적이지도 않은 '아레테'는 타인의 반응을 초조하게 기다리는 대신 자신이 만족할 수 있는 탁월함에 도달하는 것이었다.

황금의 중용에 깊은 관심을 가진 흔치 않은 현대 사상가 파울 플레밍Paul Fleming은 이런 형태의 탁월함을 다룬 철학적 이론이 매우 빈약함에도 불구하고 어떻게 인간의 삶에 이토록 깊숙이 자리할 수 있었는지를 실명했다. 플레밍은 소소한 사건들 뒤에 가려져 있어 등한시되는 일상의 소중함을 탐구하면서 드러나지 않는 소소한 일상의 미덕을 예찬했다. 그가 자신의 저서에서 언급한 인물들은 "위대함과 소박함, 비범함과 평범함 사이에 차이가 존재한다 해도, 그것은 '본질적인' 차이가 아니라 정도의 차이"라는 것을 깨달은 사람들이었다.[8] 누군가를 판단하려면 행간을 읽을 줄 알아야 한다. 플레밍은 "큰 사건들은 존재감을 드러내기 위해 흔적을 남겨야 하지만, 소소한 사건들은 그저 그 자체로 존재할 뿐이므로 그 사건의 영향력과 본질이 하나"라고 썼다.[9] '그저 존재하는 것'만큼 쉬운 일이 또 어디 있겠는가. 그런데도 누군가의 더디지만 만족할 만한 발전을 가능한 한 가장 세심하게 표현하는 것, 지나칠 수 있는 사소한 것에 관심을 두는 것은 난해한 시를 해석하는 것만큼이나 보람되고 가치 있는 일이다.

대개 눈에 띄지 않는 그 세상에 접근하는 방법은 아주 사소한 감정, 소소한 것들에 관심을 갖고 관찰하는 것이다.[10] 그러면 거기에서 거부감과 공감이 뒤섞인 삶의 미학이 발견될 수 있다. 처음에는 익숙하고 단조로운 시시한 세계에 집중하는 일에 흥미를 느끼지 못할 수도 있다. 그러나 관심과 집중에서 시작되는 이런 접근 방식은 공감을 불러일으킨다. 평범한 것들에 관심을 두면 겉보기에 대단할 것도 없고 비범하지도 않은 삶에 만족하게 된다. 대문호 라이너 마리아 릴케는 『말테의 수기』를 통해 이런 모순을 다루었다. 홀로 파리에서 지내고 있는 말테는 한 상점의 쇼윈도 안을 들여다보다가 한가롭게 앉아 천하태평하게 무위의 시간을 보내는 사람들을 발견한다. 그들은 어떤 목적을 실현하고자 하는 욕망에서 완전히 벗어나 있으며 성공이나 실패에 연연하지도 않는다. 그리고 말테는 이런 인물들에 매료된다.

아무도 가게 안으로 들어가지 않는다. 얼핏 보면 장사를 하지 않는 것 같다. 안을 들여다보니 주인은 앉아서, 그냥 앉아서 만사태평으로 책을 읽고 있다. 내일을 걱정하지 않고, 장사 따위는 개의치 않으면서. 그 앞에는 개 한 마리가 앉아 나른하게 꼼지락대고 있거나, 아니면 고양이 한 마리가 책등에 새겨진 제목을 지우기라도 하려는 듯 열 지어 꽂혀 있는 책들을 따라 사뿐히 걸어가며 고요에 한층 무게를 더한다. 아, 저렇게 살아도 만족할 수만 있다면 이따금 쇼윈도에 물건이 잔뜩 진열된 가게 하나를 사서 이십 년 동안 개 한 마리와 함께 거기에 앉아 있고 싶다.[11]

말테는 발치에 앉아 꼼지락대는 고양이나 개와 함께 '장사 따위는 개의치 않는' 고서적상들의 '그만하면 충분하다'는 마음에 공감하지만, 아직 그렇게 살아갈 마음의 준비가 되어 있지 않다. "아, 저렇게 살아도 만족할 수만 있다면" 하고 말하는 그의 한탄에는 그런 한가한 삶을 동경하면서도 한편으로는 받아들이지 못하는 양가적 감정이 내포되어 있다. 그는 평범한 삶을 살아갈 마음도 없고, 성공에의 욕망을 내려놓을 마음도 없다. "내일부터는 성공에 연연하지 않을 거야"라고 말하며 언제까지고 선택을 유예할 것이다. 그럼에도 그는 자신을 드러내지 않고 살아가는 사람들의 이면에는 가장 원대한 꿈이 숨겨져 있을지도 모른다고 생각한다.

우리는 인간 내면의 가장 어두운 한 단면만을 짐작할 수 있을 뿐이다. 보다 깊숙한 곳에 있지만, 더 환히 빛나고 있을 또 다른 면면들은 누군가에게 발견되기를 기다리고 있다. 소위 평범하거나 그다지 중요하지 않은 인물에 관심을 가지다 보면, 우리가 얼마나 쉽게 틀에 박힌 생각으로 섣부른 판단을 하는지 깨닫게 된다.

현실에서는 잘난 사람도 못난 사람도 서로 얽혀 살아갈 수밖에 없다. 우리가 누군가를 우리가 정한 기준에 따라 이런저런 범주로 분류한다고 해서 우리가 같은 세상에 속해 있지 않다고 생각한다면 착각이다. 드러나지 않는 삶을 조명하는 것이 문학의 본령이다. 픽션은 우리 눈에 보이지 않지만 분명히 존재하는 것들을 우리에게 일깨워준다.

우리가 평범함을 예사롭게 지나치지 않을 때,
평범한 삶에서 교훈을 얻을 수 있다.
_파울 플레밍

성공했다고 해서
끝이 아니다

●

　나는 대학의 교양학부에서 강의를 하고 있다. 소박하고 평화로운 분위기의 일터에는 교수, 작가, 화가, 음악가 등 자신의 일에 인생을 바친 훌륭한 사람들이 모여 있다. 그들 중 많은 이들이 자신이 하는 일에 만족하며 자신의 성취를 학생과 동료와 기꺼이 함께 나눈다. 반면 또 어떤 이들은 그것으로 '충분치 않은 마음' 때문에 괴로워한다. 아리스토텔레스에 따르면, 그런 사람들은 인정을 받고 권위 있는 상을 수상해도 크게 행복을 느끼지 못한다. 그들은 미리부터 무언가 새로운 것, 무언가 더 나은 것을 준비하면서 최고의 순간은 아직 오지 않았다고 믿는다. 그렇게 그들은 자신의 성취를 과소평가하면서 자신감을 잃고 서서히 지쳐간다.

그들의 조바심을 이해할 수 없는 평범한 사람들에게 그것은 그저 위선적인 겸손, 특권층의 엄살로 보일 뿐이다. 뛰어난 운동선수가 금메달을 따고 나서도 더 높은 목표를 향해 나아가는 것처럼, 나의 동료들 역시 자신의 성취에 만족하지 못한다. 왜 그럴까? 그만하면 괜찮다는 마음을 체념으로, 자신의 열정과 잠재력을 가로막는 장애물로 여기는 탓이다. 프란츠 카프카가 슬럼프에 빠져 글쓰기에 넌더리를 내고 있을 때, 그만하면 괜찮다거나 그것으로 충분치 않다거나 하는 마음은 그에게 중요하지 않았다. 그에게 글쓰기는 선택의 문제가 아니라 반드시 해야만 하는 일이었기 때문이다.

> 지난주에는 글쓰기에 필요한 아이디어를 간신히 떠올릴 수 있었는데, 글쓰기를 멈추자마자 내 생각을 짓누르는 갑갑함, 독창적인 아이디어를 떠올리지 못하는 무능력.[12]

카프카는 평범하고 그만하면 괜찮은 삶을 살지 말지를 선택할 수 없었다. 그가 쓰고, 또 쓰고, 찢어버리고, 다시 쓰고, 다시 상상하기를 멈출 수 없었던 이유는 그에게 글쓰기가 실패의 두려움과는 상관없는 실존의 문제였기 때문이다. 미국 시인 앤 섹스턴이 1960년 미국 문예지 「안티오크 리뷰Antioch Review」의 소설 편집자 놀란 밀러Nolan Miller에게 쓴 서신을 보면 섹스턴 역시 카프카와 같은 고뇌에 시달렸음을 알 수 있다. 섹스턴은 자신이 글도 많이 쓰지 않으면서 시인 행세를 하고 형편없는 글들을 세상에 내놓고 있다며 자책한다. 잔인한 말처럼 들리겠지만 자신의 성취를 기꺼이 받아들일 것인지 말 것인지는 진짜 문제가 아니다. 시인은 그저 그만하면 괜찮다는 마음을 받아들이지 못할 뿐이다.

저는 항상 이 모양이에요. 딱히 하는 것도 없으면서 글도 많이 쓰지 않는 데다, 강렬하고 좋은 문장을 전혀 쓰지 못하고 있어요. (중략) 아무래도 슬럼프에 빠진 것 같아요…. 책이 한 권 출간됐고 벌써 꽤 많은 비평이 나왔는데, 저는 왠지 사기를 치고 있는 것 같아요. 그 글을 제가 쓴 게 아니라 어디서 훔쳐온 것 같은 기분이 들어요. 새로운 시들을 써야 하는데 도무지 진도가 안 나가네요. 재미도 없고요. (중략) 두 번째 책을 스물다섯 장 정도 썼는데, 전부 별로예요. (중략) 이 악몽에서 벗어나야 할 텐데, 그게 가능할까요? 그러니까 제가 하고 싶은 말은, 그 시들이 인쇄되고 출판되는 것에 동의해놓고는 그 형편없는 시들을 없애버리고 싶다는 거예요. 그게 제가 할 수 있는 전부예요.[13]

글쓰기에 대한 섹스턴의 고뇌에 주목해야 하는 이유는 '그것으로 충분치 않다'는 강박 때문에 실제로 우울증을 앓았던 버지니아 울프나 실비아 플라스와 달리 그녀의 고뇌에 철학자들이 옹호한 중용의 미덕이 내포되어 있어서다. 평범함이라는 망령이 그들의 글쓰기에 동기를 부여해주었다 해도, 동시에 재능을 펼치는 데 걸림돌이 되었다면 그것은 끔찍한 조롱처럼 보였을 것이다. 실비아 플라스가 산문 쓰기를 일종의 '공포증'으로 여기고 그 때문에 결국 "마음의 문을 닫았다"[14]고 해서 미련 없이 글쓰기를 접고 다른 곳으로 눈을 돌렸다는 것을 의미하지는 않으리라. 플로베르는 작가로서의 삶을 일종의 익사라 표현할 정도였지만, 그럼에도 "단어 하나를 고르기 위해 하찮은 머리를 쥐어짜내며" 하루하루를 보냈고, 계속해서 글쓰기에 매진하고자 하는 강렬한 소망을 품고 있었다.[15]

우울의 나락에 빠져 있을 때, 우리는 완전히 다른 나를 보게 된다. "의미 없는 삶이란 없으며 단지 그것을 바라보는 부정적인 방식이 있을 뿐"이라고 생각하는 것과, 우리의 삶 자체가 언제나 하찮고 별 볼 일 없다고 생각하는 것은 엄연히 다른 이야기다.[16] 아주 무모해 보이거나 언뜻 무의미해 보이는 무언가를 성취하고자 하는 욕구는 불가해한 수수께끼와도 같다. 시인이자 수필가였던 폴 발레리는 수학 문제를 풀지 않고는 잠자리에 들지 못했다고 한다. 나는 이런 욕구를 '원초적 열망'이라 표현하고 싶다. 비록 우리를 어디에도 데려다주지 못하지만 계속해서 돌아가는 자동차의 엔진 같은 것이라고 말이다.

라이벌의 실패를
바란다면

●

　막스 베버가 말한 것처럼 우리 모두가 매우 제한된 공간에서 타인의 인정을 구하기 위해서 애쓰고 있다면, 나의 성공은 다른 누군가의 실패를 전제로 해야 한다. 한 사람의 천재성은 다른 사람의 평범함이 있어야 빛을 발한다. 어떤 공동체에서든 누가 주도권을 쥐고 있는지, 서열 관계에서 자신의 위치가 어디인지를 모르는 것은 불가능하다. 그러므로 우리는 일정 수준 이상을 넘어서까지 성공하지 않는 편이 더 나을지도 모른다. 좁디좁은 공동체에서 누군가가 명성을 얻을 때, 명성을 잃은 누군가는 자연히 그를 질투하고 원망할 수밖에 없지 않겠는가. 중용의 이면이 드러날 때가 바로 이런 때다. 적당한 타협이라는 덫에 걸려 타인의 깔보는 듯한 시선을 영원히 감내해야 할지도 모른다는 두려움은 우리를 끈질기게 괴롭힌다. 베버가 언급한 것처럼 타인의 질투를 불러일으키지 않고 스스로가 만족할 수 있는 탁월한 성공을 추구하는 데 있어 어떻게 해야 타인의 모욕적인 시선을 의식하지 않을 수 있을까?

토크빌Alexis de Tocqueville은 경제적 수준이 향상되거나 더 많은 자유를 누리게 될수록 역설적이게도 사람들은 더 큰 기대감을 갖는다는, 이른바 '토크빌의 패러독스'라는 개념을 제시했다. 마찬가지로 상을 받거나 승진을 할 때, 심지어 그저 칭찬을 받을 때도, 필연적으로 타인의 인정을 받는 상황이 끝나면 우리는 대다수 사람들이 그렇듯 다시 초조함을 느낀다. 그래서 우리는 타인의 성공을 볼 때 본능적으로 기분이 언짢아지고 그와 자신을 어쩔 수 없이 비교하게 된다.

앞에서 쇼펜하우어에 대해 이야기했다. 쇼펜하우어는 한때 내 비관주의의 스승이었다. 그는 자신보다 뛰어나 보이지 않는데도 자신보다 더 큰 명성을 얻은 사람들을 끊임없이 도발했다. 이것이 바로 그가 이 책에서 큰 비중을 차지하고 있는 배경이다. 특

히 그는 걸핏하면 자신의 최대 라이벌인 헤겔을 모욕했다.[17]

쇼펜하우어는 질투와 분노로 살아갈 힘을 얻는 증오의 화신 그 자체였다. 그가 베를린 대학에 강의할 수 있게 해달라고 요청하면서 당대 최고의 지성 헤겔이 강의하는 날짜와 시간에 자신도 강의를 하겠다고 고집했다는 일화는 유명하다. 결말은 어땠을까? 쇼펜하우어의 강의를 들으려는 학생은 거의 없었고, 그는 도망치듯 프랑크푸르트로 떠나버렸다. 헤겔을 향해 퍼부었던 모욕적인 언사는 어찌나 원색적인지 실소가 터질 지경이다. 쇼펜하우어는 헤겔을 향해 "영업 허가를 받고 철학을 파는 위대한 철학자"라 칭하면서 "무식하고 역겨운 돌팔이"[18], "가장 저속하고 말도 안 되는 헛소리, 형용 모순으로 얽혀 있는 이론, 정신병원에서나 들을 수 있는 미친 소리"[19]를 한다고 했고, 한 세대를 지적으로 완전히 타락시킨 장본인이 바로 헤겔이라고 비난을 퍼부었다. 두 사람의 갈등 관계는 이미 많은 철학자들이 다룬 바가 있지만, 나는 헤겔을 향한 쇼펜하우어의 증오심이 타인과 자신을 비교하는 그릇된 세계관으로 인해 더욱 증폭되었다는 점에 특히 주목했다.

그런 헛소리와 협잡을 높이 떠받드는 사람들을 보면서 (중략) 나는 일찌감치 이 시대 사람들에게 존경받기를 포기했다. 이십 년 동안 전 유럽이 떠들썩하게 헤겔을 최고의 철학자로 꼽으며 그 추악한 지식인을 칭송해온 동시대인들에게 박수갈채를 받고 싶은 마음도 없다. 이 시대는 더 이상 수여할 왕관이 없다.[20]

경쟁심에 눈이 먼 나머지 라이벌을 객관적으로 평가하지 못한 쇼펜하우어는 헤겔을 추악한 괴물로 만들어버렸다. 쇼펜하우어는 세상을 관조하지 못한 채, 이 세상이 헤겔에게 사로잡혀 자신을 알아주지 않고 자신이 헤겔만큼, 아니 헤겔보다 더 뛰어나다는 것을 인정해주지 않는다고 원망했다. 이런 열패감은 증오와 갈등을 부추긴다. 졸렬하게 라이벌의 실패를 바라거나 그의 성공을 시기할 때, '그것으로 충분치 않다'는 마음은 끊임없이 우리를 괴롭힌다.

너무 높게도, 너무 낮게도 날지 말라.

_ 다이달로스

타인의 인정에
집착할 때

●

타인에게 인정받고자 하는 욕구는 예술과 돈의 경계가 허물어질 때 한층 더 심해진다. 잭슨 폴록이 본격적으로 작업 활동을 시작했을 무렵, 미술 평론가 클레멘트 그린버그Clement Greenberg는 그에 대해 "당대 최고의 재능 있는 화가"라 칭송하며 그가 미술계에서 명성을 얻는 데 적지 않은 역할을 했다. 그러자 미술계는 기다렸다는 듯이 폴록의 대항마를 내세웠다.[21] 저명한 미술 평론가이자 뉴욕 현대 미술관 초대 관장 알프레드 바Alfred H. Barr Jr.는 폴록의 친구 윌렘 드 쿠닝을 향해 "우리 시대의 가장 훌륭한 작품"을 그린 화가라 극찬하면서 열광적인 찬사를 보냈다.[22] 「워싱

턴 포스트」의 미술 비평가 서배스천 스미Sebastian Smee는 비슷한 길을 걸은 두 화가의 삶을 조명한 저서에서 폴록이 대중적 명성을 얻은 이후 어떤 고통을 받아야 했는지를 보여주었다.

평범하게 사는 것도 쉬운 건 아니지만, 성공 후에 겪어야 하는 고통에 비하면 그것은 아무것도 아니다. 성공과 명성은 불안과 함께 온다. 그래서 마침내 타인의 인정과 찬사를 받아도 마냥 행복하지만은 않다. 대중의 찬사가 언제 비난으로 바뀔지 몰라 전전긍긍하게 되는 탓이다. 그리고 어느 순간 가까운 사람들에게 미움을 받고 시기의 대상이 되다가 급기야는 무리에서 소외된다. 실제로 폴록의 친구였던 화가 실 다운스Cile Downs는 "폴록은 부자가 되고 유명세를 얻었지만 가난하고 별 볼 일 없었던 때와 마찬가지로 사람들이 자신을 사랑하지 않는다는 생각에서 한시도 벗어나지 못했다"라고 했다.[23]

우리는 언제나 성공과 명예를 좇지만, 막상 그것을 얻고 나면 괴로움에 빠진다. 결국 폴록은 성공 뒤에 몰려오는 온갖 후폭풍을 끝내 이겨내지 못하고 요절했다. 드 쿠닝은 폴록이 죽음을 맞을 때까지도 경쟁심을 내려놓지 못했다. 그는 비록 농담이었지만 폴록의 죽음에 대한 소회를 이렇게 밝혔다. "그래, 이제 됐어. 잭슨이 무덤에 있는 걸 봤으니. 그 친구는 죽었어. 이제 끝이야. 지금부터는 내가 일인자야."[24]

소설가이자 저널리스트 팀 파크스Tim Parks는 한 연재 기사를 통해 현재 가장 대중적 인기를 얻으며 언제나 베스트셀러 순위의 상위권을 차지하는 조앤 롤링, 칼 오베 크나우스고르Karl Ove Knausgard, 도나 타트Donna Tartt 같은 몇몇 작가들을 비판했다. 그는 이 기사에서 성공은 성공을 불러오고 독자들은 "이미 많은 팬을 확보한 작가들의 책을 더 많이 구매한다"라면서 현 세태를 꼬집었다. 그는 "이런 현상은 어쩌면 당연한 것일지도 모르며, 상업적 성공으로 얻은 명성에 영향을 받지 않는 작가는 극히 드물다"라고 덧붙였다. 그러면서 "베스트셀러가 작가로서의 성공에 유일한 척도가 되었다"라는 씁쓸한 결론에 도달했다.[25] 그로부터 여섯 달후 그는 재능과 성공, 대중 영합주의와 인기의 관계를 다시 한번 조명했고, 유명 소설가들이 성의 없는 졸작을 내놓아도 그들의 책이 여전히 베스트셀러 순위의 상위권을 차지하고 있는 형국에 대해 "그 모든 것이 우리가 무언가를 할 때, 세상의 반응을 과도하게 의식하게 만든다"라고 개탄했다.

파크스는 조너선 프랜즌Jonathan Franzen의 소설 『순수Purity』

를 인용하며 인터넷이 작가들의 인기에 대한 집착을 심화시키고 있다는 요지의 기사를 이어 나갔다. 그는 "누가 나를 좋아하고 싫어하는지를 끊임없이 확인하려는 행위는 인기가 없으면 어쩌나, 멋지게 보이지 않으면 어쩌나 하는 두려움으로, (중략) 조롱당하거나 잊히지 않을까 하는 두려움으로 변질된다"라고 지적했다.[26]

출판 산업의 현 상황과 작가가 유명하면 글의 수준과 관계없이 베스트셀러가 되는 세태는 파크스가 제기한 문제들을 더욱 악화시킨다. 작가들이 최악으로 여기는 것은 잊히거나 외면당하는 것이 아니라 별 볼 일 없는 작가로 취급받는 것, 훗날 절절한 추도문 하나 없이 죽음을 맞는 것이다.

"내 친구 하나가 성공할 때마다, 나는 조금씩 죽어간다"라고 말한 미국 소설가 고어 비달Gore Vidal의 자조 섞인 농담은 괜한 말이 아니다. 현실의 삶에서 황금의 중용은 그저 황금을 흙으로 만들 뿐인지도 모른다. 고어 비달이 세상을 떠난 후 그의 전기를 쓴 작가 제이 파리니Jay Parini는 그의 작품을 평가하면서 이렇게 말했다. "그는 50권이 넘는 책을 썼는데, 대부분은 매우 훌륭했고 몇몇 작품은 그저 그랬다. 그러나 진정으로 뛰어나거나 내세울 만한 작품은 없었다. 그는 비록 인정하지 않겠지만 말이다."[27]

앞서 살펴본 인물들은 덧없는 성공을 좇는 데 온 생애를 걸었다. 명예의 꼭대기로 갈 수 있는 사다리를 오르는 일에 정신이 팔린 그들은 자신의 위치가 어디인지에 강박적으로 집착하고, 경쟁자들에게 뒤처질까 봐 언제나 노심초사했다. 이런 부류의 사람들은 대개 비슷한 성향을 보인다. 그들은 야심에 가득 차 있고 도발적 언동을 자주 하며 편지, 인터뷰, 대화에서 비타협적인 태도를 드러낸다.

우리 중 많은 이들은 '매우 우수하다'는 평가를 받으면 흡족해할 것이다. 그러나 영광과 명성을 얻고 한때나마 거장의 반열에 올랐던 이들은 그렇지 않았다. 그들은 그저 위대한 예술가가 되는 것에 만족하지 못하고 자신이 최고라는 것을 부단히 증명하려 했다. 그게 아니라면 그들은 자신의 라이벌이 그저 자신을 모방하는 아류이거나 자신을 뛰어넘지 못하는 제자일 뿐이라는 사실을 강조하려 했다. 미켈란젤로는 자신이 그린 시스티나 성당 천장화에서 영감을 받아 성 아우구스티누스 대성당에 자신의 화풍을 흉내 내 이사야 선지자의 모습을 그린 라파엘로에 크게 분노했다. 미켈란젤로는 전도유망한 젊은 예술가에게 위대한 영감을 준 존경받는 대가의 역할에 자부심을 느끼기는커녕, 라파엘로의 예술적 성과가 자신을 모방한 결과라고 폄하했다. 르네상스 시대 미술사가 조르조 바사리^{Giorgio Vasari}는 미켈란젤로가 이렇게 말했다고 전한다. "라파엘로가 예술에서 이룬 모든 것은 바로 나한테 배운 것이다."

내가 프랑스에 살던 시절, 대학입학시험 성적은 '매우 우수', '우수', '양호' 이렇게 세 등급으로 나뉘어 있었다. 더 오랜 과거에 '양호^{良好}'는 글자 뜻 그대로 '대단히 괜찮음'을 의미했다. 크게 자랑할 정도는 아니지만 그렇다고 부끄러운 성적도 아니었다. 그러나 요즘 부모들은 자녀의 성적표에 '양호'가 적혀 있으면 교사에게 항의를 한다고 한다. 그런 성적이 자녀의 미래에 걸림돌이 되지 않을까 염려해서다. '양호'가 '양호'로 해석되지 않는 작금의 세태를 여실히 보여주는 씁쓸한 풍경이 아닐 수 없다.

4장

'그만하면
괜찮다' 는
마음에 관한
탐구

비범한 평범함을
이야기하다

•

    충분히 만족스러운 삶을 어떻게 실현할 수 있을지 늘 고민하던 나는 '말로 표현할 수 없는 것을 표현하기'라는 강의를 개설했다. 그리고 이를 위해 성공과 실패에 대한 보편적 개념을 깨뜨려줄 수 있는 책들을 준비했다. 그런 책들은 성공과 평범함에 대한 보편적 정의에 의문을 제기하고 실패의 개념 자체에 반기를 드는 내용을 담고 있었다. 메리 셸리의 『프랑켄슈타인』에서 예니 에르펜베크Jenny Erpenbeck의 『간다, 갔다, 가버렸다Gehen, Ging, Gegangen』에 이르는 이 책들은 공통적으로 나와 타인을 구별하여 나의 가치를 높이려는 범주화의 열망과 그런 범주화에서 벗어나려는 의지를 대비시키면서 우리에게 생각할 거리를 던져주었다.

패자와 승자로만 구분되는 범주화에 맞서 학생들과 나는 그만하면 괜찮은 '비범한 평범함'을 탐구하기 시작했다. 처음에 학생들은 이 개념을 대수롭지 않게 여겼지만, 오래지 않아 자신의 이정표로 삼기 시작했다. 강의실에 모인 학생들은 평범함을 표현하는 새로운 용어를 만들어보자며 열의를 갖고 수업에 임했다. 우리는 여러 장애(실명, 자폐증, 우울증)로 고통받거나 편협함의 희생자가 되어 속박받는 인물들(프랑켄슈타인이 만든 괴물이나 『변신』의 그레고르 잠자)을 관찰했다. 지나치게 틀에 박힌 범주화(성공아니면 실패)에서 탈피해 또 다른 심리적, 사회적 지평에 접근할 수 있는 방법을 찾는 것이 우리가 가고자 하는 목표였다.

우리는 강의에서 함께 읽은 책들 덕분에 내면의 독백을, 닫힌 문 뒤에서 속삭이는 대화를 들을 수 있게 되었고, 보이지 않는 세계에 들어갈 수 있었다. 이는 현실의 삶에서는 결코 불가능한 특별한 경험이었다. 우리는 비범한 평범함을 탐구하는 동안 찬사를 받는 사람들과 눈에 띄지 않는 사람들을 구분하면서 타인과 우리를 멀어지게 하는 빈약한 이분법적 사고에서 서서히 벗어났다.

독일 철학자 라이프니츠는 인간은 모두 문도 창문도 없이 고립되어 있는 '모나드(단독자)'라고 규정했다. 그럼에도 희망적인 것은 때때로 뜻밖에 나타난 그런 평범한 인물들 중 하나가 우리에게 다가와 우리가 가는 길을 환히 밝혀준다는 것이다. 그리고 그런 인물들의 내면성을 들여다본 학생들은 결국 평범하다는 이유로 그들을 함부로 폄하할 수 없다는 결론에 도달하게 되었다.

다름을 드러내기를
두려워하지 않기

●

　미국의 저명한 동물행동학자 템플 그랜딘^{Temple Grandin}에 관한 책은 내 강의에 전환점을 마련해주었다. 그랜딘의 어린 시절과 그의 특별한 내면세계를 그린 『나는 그림으로 생각한다 ^{Thinking in Pictures}』는 그랜딘의 표현을 그대로 인용하자면 "우리와 다르긴 해도 결코 열등하지 않은 자폐인"의 세계로 우리를 안내해주었다. 이 책을 함께 읽으며 우리는 '낙인 효과'에 대해 진지하게 토론했다. 그랜딘은 이 책을 통해 자폐인에게 가해지는 부정적 시선과 자폐인의 정신세계를 가감 없이 보여주었다.

　그녀는 동물 복지를 고려한 공장식 축산 장비를 설계하고 자신과 다른 정신세계를 이해하기 위해 부단히 노력했다.[1] 학생들은 이 수업에서 내가 그들에게 일깨우고자 하는 바가 무엇인지에 관심을 기울여주었다. 물론 그랜딘의 삶은 겉으로 드러난 모습과 내면 사이의 엄청난 간극을 보여주는 극단적인 사례이긴 했다. 그럼에도 불구하고 나는 마음의 상처를 받을까 봐, 그리하여 관계가 복잡해질까 봐 타인의 겉모습만을 보고 성급하게 판단하려는 우리의 단순하고 보편적인 태도를 학생들과 함께 반추해보고 싶었다. 다른 사람이 자신을 만지는 것을 극도로 꺼렸던 그랜딘은 어떻게 도살장으로 가는 동물들에게 안정감을 주는 압박 장치를 발명할 수 있었을까? 자신이 견딜 수 없어 했으면서 어떻게 동물들을 포옹해줄 생각을 했을까? 그랜딘이 보여주는 이 특별한 모순은 다른 방식으로 실현되는 삶을 다른 시선으로 바라보게 했다.

학생들과 세미나를 진행하면서 우리에게 소통이 얼마나 부족한지, 한계와 편견을 뛰어넘어 타인의 마음을 들여다보는 일이 얼마나 어려운지에 대해 의견을 나누었다. 학생들은 한 인간의 특성이 지닌 상대적 가치를 인정해야 하고, 적어도 언뜻 평범해 보이는 이들을 다른 시선으로 바라볼 수 있어야 한다는 데 한목

소리를 냈다. "다를 뿐, 열등한 것은 아니"라는 템플 그랜딘의 말은 자폐 스펙트럼 장애를 가지고 있는 이들을 판단할 때, 그들이 가진 엄청난 잠재력 또한 고려해야 한다는 점을 역설한다. 그랜딘은 다름을 드러내기를 두려워하지 않았을 뿐만 아니라, 자신의 정체성을 드러내지 않을 '불투명성의 권리'도 주장했다. 철학자 에두아르 글리상Édouard Glissant이 주장한 불투명성의 권리는 타인을 구분하는 경계와 범주를 모호하게 만들면서 그만하면 괜찮다는 개념을 새로운 시각으로 바라볼 수 있게 해주었다. 글리상은 타인에게 투명하게 이해될 수 있는 존재가 되는 것 자체를 거부하며 우리에게는 설명되지 않고 이해되지 않을 권리가 있다고 주장했다.

그랜딘이 자신의 내면성을 드러내지 않을 권리에 대해 말했을 때, 나는 누가 바라지도 않았건만 그런 사람들의 재평가를 위해 왜 이렇게 부질없는 작업을 시작했을까를 생각해보았다. 그리고 답을 찾았다. 이 작업은 있는 그대로 평가되지 않았을 뿐 아니라 나의 과오로 과소평가된 사람들의 명예 회복을 위한 나만의 투쟁이었다. 글리상은 우리가 사는 세계를 "인류의 눈부신 차이"로 엮이고 풀리며 직조되는 거대한 태피스트리에 비유했고,[2] 나는 그의 글을 읽고 내가 하려는 작업이 결코 쓸데없는 일은 아닐 것이라는 생각에 위안을 받았다. 우리 모두가 거대한 태피스트리에 한데 엮여 있는 씨실과 날실이라면, 우월하다거나 열등하다는 말로 구별하는 것이 다 무슨 의미가 있겠는가. 앞서 나가는 사람만이 주목받는 비정한 세계, 인정을 받으려면 누구든 명문 대학을 나와야 하는 프랑스에서 성장한 나는 모든 이를 동일한 잣대로 판단할 수 없다고 말한 글리상의 주장에 깊은 감명을 받았다. 글리상은 그랜딘과 마찬가지로 타인과의 관계에서 그저 칭찬을 주고받기보다 자신의 차이를 드러내고 그 차이 안에서 상호성을 발견하고자 했다.

불투명성에 대한 관념은 내가 알고 있다고 믿은 절대적 진리란 없다는 것을 일깨워주었다. (중략) 나의 정체성에 관한 한, 그것은 온전히 내가 풀어야 할 숙제다. 다시 말해, 나는 내 정체성을 어떤 본질에도 고정시키지 않으며, 어떤 혼란 속에서도 혼동하지 않을 것이다. 다만 나의 정체성이 때로 모호하다는 것을 거리낌 없이 받아들이고, 전혀 예상치 못한 것이라 해도 외면하지 않을 것이다.[3]

그랜딘은, 아니 그 시대의 기준을 벗어난 사람은 왜 자신이 누구인지, 어떤 사람인지 설명해야 하는 걸까? 왜 우리는 그랜딘이 특별한 능력을 어떻게 펼쳤는지보다 그녀의 자폐증에 더 관심을 가질까? 글리상이 말한 것처럼, 헤아릴 수 없는 것을 헤아리려 하지 말고 그저 그것의 심오함과 견고함에 찬사를 보내면 어떨까? 또한 우리의 차이를 분명히 인정하고 보다 긍정적인 소통 방식을 찾아보면 어떨까?

글리상은 "나는 그렇게 함으로써 타인에 대한 나의 불투명성을 자책하지 않고 그의 불투명성을 받아들일 수 있었다"라고 고백했다. 글리상은 상대방과 소통할 때 습관적으로 나오는 태도와 자세를 바꿔볼 것을 제안했다. 불투명성을 인정할 때, 우리는 우리가 예상한 범주 바깥에 있는 타인과 교류할 수 있다. 그것은 타인과의 비교에서 벗어나는 방법이기도 하다. 글리상은 "타인과 유대감을 느끼고, 그와 더불어 성장하고, 그가 하는 일을 존중하기 위해 그를 이해할 필요는 없으며, 내가 변할 필요도, 그를 내 이미지대로 만들려고 할 필요도 없다"라고 했다.[4] 분별력 없이 타인의 판단에 휘둘리지 않고 다르게 생각할 줄 알았던 그의 능력은 우리에게 중요한 시사점을 남긴다.

자폐 스펙트럼 장애 전문가들은 오랫동안 자폐인의 비범한 재능이 아닌 그들의 한계에 초점을 두고 그들을 이해하려 했다. 그러나 세상을 다른 시각으로 바라본 그랜딘의 삶은 자폐인의 한계라는 개념 자체에 이의를 제기했다. 그녀는 자신의 핸디캡을 장점으로 바꾸었다. 동물과 자폐인에게 내면성이 없다는 이유로 그들이 열등하게 취급된다면, 내면성이라는 무익한 개념 자체가 사라지는 편이 나을지도 모른다. 데카르트나 아우구스티누스를 따르는 이들이 인간의 특권이라 여긴 내면성은 너무나 유아론적이다. 사전에 자폐인은 이렇게 정의되어 있다. "자기 자신과 타인을 이해하지 못해 성찰과 반추를 하지 못하는 장애를 가진 사람." 그랜딘은 글리상과 마찬가지로 이해되지 않을 권리를 주장했다. 그녀는 자신이 어떤 것들을 이해하지 못하기 때문에 세상을 다른 눈으로 바라볼 수 있다고 말했다. 그러므로 그랜딘의 힘은 내면성이 아닌 '외면성'에서 비롯한다. 자신의 내면을 이해하지 못했던 그랜딘은 자신의 바깥을 관찰하는 능력에 집중했다.

"사생활도 없고", "열한 살짜리 아이"의 감정 이외에 다른 어떤 것도 느끼지 못한다고 말하는 그랜딘은 자신의 고유성을 느끼지 못하는 것과 자신이 가진 특별한 능력으로 세상에 커다란 영향을 미칠 수 있는 것은 아무런 관계가 없다는 점을 명백하게 증명했다. 미국 철학자 토머스 네이글Thomas Nagel은 '박쥐가 되는 것은 어떤 느낌일까?'라는 의문을 갖고 박쥐의 생태를 연구했다. 그리고 박쥐가 된다는 상상만으로 인간의 '본질적 구조'는 바뀌지 않으므로 인간은 "박쥐가 세상을 인식하는 방식을 경험할 수 없다"라는 결론을 내놓았다.[5] 그러나 그랜딘은 달랐다. 자기 바깥에 있는 세상을 관찰하는 특별한 능력을 가지고 있던 그랜딘은 환경의 구조를 '변화'시키려 했다. 그녀는 자신을 생물이나 무생물로 상상하거나 그들에게 인간적 특성을 부여하려 하는 대신, 동물의 감정에 공감하면서 그들의 환경을 변화시키고자 했다.

타인과의 교류가 어렵다고 여겨지는 장애를 가진 그녀가 도살 직전 공포에 떨고 있는 동물에 감정 이입을 할 수 있었다는 것은 모순이 아니다. 그랜딘 자신이 느낀 공포, 즉 타인과의 접촉을 극도로 꺼리는 그녀의 공포증이 오히려 도살이라는 극심한 스트레스 상황에 놓인 동물의 감정을 이해할 수 있게 해준 것이다. 그렇게 그랜딘은 기존의 도축장이 소에게 엄청난 공포를 준다는 걸 알아챘고, 소들이 편안하게 마지막을 맞이할 수 있도록 부드러운 곡선과 완만한 경사로를 갖춘 도축장을 설계했다. 그랜딘이 800

킬로그램에 육박하는 거대한 소의 의식을 들여다보는 능력을 갖고 있었다는 말이 아니다. 다만 그녀는 자신의 뛰어난 공간 감각을 이용해 동물이 물리적 공간을 어떻게 인식하는지를 추론해낼 줄 알았다.

> 나는 도축장 복도로 들어오는 소들을 머릿속으로 그려본다. 여러 각도에서, 거리를 달리하면서, 아주 가까이에서, 멀리서, 심지어 때로는 헬리콥터에서도. 도축장 복도에 들어가 소의 입장이 되어 소가 어떤 감정을 느낄지도 상상해본다.[6]

내면성은 결여되어 있지만 동물의 공포에 공감하는 놀라운 능력을 가진 템플 그랜딘의 사례는 학생들로 하여금 인간을 특별한 존재라고 생각했던 그들의 확신(또는 불신)을 되돌아볼 수 있게 해주었다. 우리는 자문하지 않을 수 없었다. 왜 우리는 한결같이 다른 모든 실질적 경험보다 주관적 관념을 더 중요시하는 걸까?

템플 그랜딘 덕분에 우리는 장애와 직관력이 공존하는 또 다른 세계가 존재한다는 사실을 깨닫게 되었다. 우리는 다양한 책을 읽으며 타인의 생각과 감정을 들여다볼 수 있었고, 탐구도 거기서 끝나지 않았다. 이제 타인을 구분하고 범주화하는 행위에서 벗어나야 할 차례였다. 나는 그것에 대한 길잡이로서 학생들과 함께 그랜딘의 『동물과의 대화』를 읽었다. 그랜딘은 익숙한 나의 세계를 새로운 시선으로 바라보게 해주었다. 정상인의 뇌 구조를 신기하게 여겼던 그랜딘은 그것에 대한 수백 편의 연구 논문을 발표하기도 했다. 올리버 색스가 쓴 것처럼, 그랜딘은 구분되고 범주화되지 않으려 했다. 이해되지 않을 권리를 주장하면서 우리의 고정관념과 편견을 깨뜨릴 누군가가 존재한다는 사실에 우리는 고무되었고 해방감을 느꼈다.

올리버 색스는 타인에게 무관심한 그랜딘이 언젠가 도서관이 완전히 사라질지도 모른다는 말에 눈물을 흘리는 모습을 보고 무척 놀랐다고 한다. 비록 도서관이 사람은 아니지만 그때 그랜딘이 보여준 순수한 감정은 사람에게 느끼는 공감과 같은 것이었으리라! 이 일화를 통해 우리는 새로운 사실을 깨닫게 되었다. 우리가 타인의 행동이나 세계관을 '다르다'고 판단할 수 있듯이, 우리가 '인간적'이라고 분류하는 것 역시 또 다른 기준에서 볼 때는 언제나 예외이고 편향일 수 있다는 것이다. 우리는 올리버 색스의 에세이에서 발췌한 글을 함께 읽었다.

무기력한 모습을 한 채 닿을 수 없는 곳으로 멀어져가는 자폐아 자녀를 볼 때, 부모는 자책감에 빠지게 마련이다. 자신을 사랑해주는 부모를 이해하지 못하는 아이에게 가까이 다가가기 위해 부모는 초인적인 노력을 기울이며 상상이 되지 않는 낯선 세계에 살고 있는 그 존재에게 매달린다. 그러나 소통하기 위한 이런 노력이 모두 부질없이 느껴질 때, 부모가 느끼는 고통은 배가된다. (중략) 때로는 증상을 살피는 것만으로도 진단을 내릴 수 있겠지만, 그의 전 생애를 들여다보지 않고 자폐인을 이해하기란 요원한 일이다.[7]

많은 것을 생각하게 하는 글이었다. 특히 "그의 전 생애를 들여다보지 않고" 누군가를 이해할 수는 없다는 마지막 구절은 우리 모두에게 커다란 울림을 주었다.

타인에게는
낯선 세계가 있다

●

　인간이란 함께한 짧은 순간들만으로는 헤아릴 수 없는 존재다. 우리가 타인의 삶에 대해 알 수 있는 부분이 얼마나 미미한지를 생각해보면 겸허한 마음이 들면서도 막막한 기분이 든다. 자폐아 자녀의 상상이 되지 않는 낯선 세계를 마주해야 하는 부모의 절망에는 가슴이 먹먹할 뿐이다. 한 학생의 말처럼 우리는 상상이 되지 않는 낯선 세계를 사랑할 수는 있겠지만 그것을 완전히 오해할 소지가 있고, 우리가 사랑하는 존재가 우리의 애정을 전혀 느끼지 못할 수도 있다. 리디아라는 학생이 반문했다. "모두가 똑같은 방식으로 사랑할 필요는 없지 않을까요?" 이것이 바로 무조건적인 상호성에 기초한 관계가 불가능했던 템플 그랜딘의 사례에서 우리가 발견한 중요한 논점이었다. 리디아는 지나치게 감정적이고 비현실적인 시각으로 타인을 바라보는 것보다 타인의 이해할 수 없는 영역을 존중하며 거리를 두는 게 나을지도 모른다고 말하면서, 그런 영역을 고수하는 것이야말로 함부로 이해되지 않을 권리를 지키는 방법일 수 있다고 말했다. 나는 고개를 끄덕였다. 더 보탤 말이 없었다.

그렇게 수업은 마무리되는 듯했다. 그런데 또 다른 학생인 엘레노어가 에세이나 자서전보다는 소설이 낯선 것과 익숙한 것을 모두 풍성하게 표현하면서도 타인의 고통과 기쁨에 더 깊이 공감할 수 있게 해준다는 목소리를 내면서 다시 토론에 불이 붙었다. 나는 엘레노어에게 왜 그렇게 생각하는지 물었다. 그러자 그 학생은 버지니아 울프의 작품을 인용하며 이렇게 말했다. "『댈러웨이 부인』에서 셉티머스 스미스가 어떻게 광기에 휩싸이게 되는지 기억하시나요? 그가 광기에서 벗어나고 싶어 할 때, 그가 미쳐갈 때 울프는 우리를 그의 의식 속으로 데려가죠." 그러면서 엘레노어는 다음 구절을 낭독했다.

온 세상이 소리치고 있었다. 죽어라, 죽어라, 우리를 위해서. 그런데 왜 그들을 위해 죽어야 하지? (중략) 더구나 이제는 단죄받고 버려진 채 혼자 있는데. 그리고 여기에는 속박되어 있는 사람들은 결코 알지 못할 희열과 기막힌 고독, 자유가 있는데.[8]

엘레노어는 셉티머스가 속박되어 있는 감정의 감옥이 철옹성이 아니기에 우리는 거기에 가까이 다가갈 수 있다고 말했다. 버지니아 울프의 소설은 셉티머스가 느끼는 고독과 자유를 생생하게 표현해냈다. 강의실에 있던 우리 모두는 전쟁 트라우마를 겪는 그가 내는 마음의 소리에 귀를 기울였다. 린이라는 학생은 우리로 하여금 절대적인 고독을 고스란히 느낄 수 있게 해주는 울프의 재능에 감탄하면서, 가능한 한 오랫동안 타인의 입장에서 보게 하는 것이 책의 역할일 거라고 말했다.

우리는 사람이든 동물이든 타자의 의식에 침범할 권리가 우리에게 있는지 자문하며, 어느 때보다 열띤 토론을 벌였다. 그때 나는 찰스 디킨스의 『두 도시 이야기』 중 일부를 학생들과 함께 읽어보면 좋겠다고 생각했다.

생각해보면 경이로운 일은 모든 인간이 서로에게 어떤 비밀, 헤아릴 수 없는 신비라는 것이다. 밤에 대도시로 들어올 때 어둠 속에 모여 있는 저 집들 하나하나가, 그 집을 이루고 있는 방들 하나하나가 자신만의 비밀을 간직하고 있다는 것, 그 수십만 개의 가슴 속에서 뛰고 있는 심장 하나하나까지, 어떤 면에서 그것과 가장 가까이에 있는 심장에게도 그것이 하나의 비밀이라는 점을 생각해보면 굉장한 일이 아닐 수 없다.[9]

인간의 '불가해성'이 인간을 진정으로 신비롭게 한다고 디킨스는 말했다. 그만하면 괜찮다는 마음을 탐구하는 일은 이런 생각을 인정하는 데서 시작된다. 인간은 모순 덩어리로 이루어진 난해한 존재다. 내가 하는 이야기가 누군가에게는 흥미롭지 않을 수 있고, 내가 탐구하는 그만하면 괜찮다는 마음이 누군가에게는 끔찍한 악몽일 수도 있다. 학생들은 타인의 신비를 한없이 존중하는 법을 배우고 있었다. 때로 지나치게 엄격한 자기 검열을 할 정도로 말이다. 그러면서 그들은 내가 너무 성급하게 평가하고 판단하는 것 같다는 말을 꺼냈다. 내가 그들에게 이 책의 집필 계획을 말했을 때, 대부분은 못마땅하게 여기며 이렇게 질문했다.

"저에게 어떤 삶이 괜찮은 삶인지 교수님이 어떻게 아시죠?" 물론 그들의 말도 일리가 있지만, 나는 우리네 인생과 달리 문학에서는 가능한 한 모든 삶을 경험해볼 수 있다는 점을 강조하고 싶었다.

우리는 문학을 통해 다른 방법으로는 실현될 수 없는 삶을 살아볼 수 있고 다양한 가능성, 터무니없는 결말을 상상해볼 수 있다. 그러나 학생들 중 몇몇은 타인의 신비를 존중해야 한다는 신념에 너무 집착한 나머지, 그들의 삶에 자신을 투영하기를 꺼렸다. 이때 영국 작가 제이디 스미스Zadie Smith가 상상력에 관해 쓴 칼럼에서 "나는 내 작품에 담겨 있는 목소리와 내가 완전히 분리되어 있다고 느낀 적이 단 한 번도 없다"라고 고백한 부분이 이런 딜레마를 해결하는 데 어느 정도 도움을 주었다. 그녀는 자신이 아이이자 어른이었고, 남자이자 여자였으며, 흑인이자 백인이자 혼혈인이었다고 말했다. 이는 글을 쓰는 작가뿐만 아니라 글을 읽는 독자 역시 동일하게 해볼 수 있는 경험이다.

나는 내가 매일 듣고 읽고 내면화한 다양한 목소리와 다른 목소리를 가지고 있다는 생각을 한 번도 해본 적이 없다. (중략) 수년 동안 내 모든 소설에서 '나'는 아이이자 어른이었고, 남자이자 여자였고, 흑인이자 백인이자 혼혈인이었고, 동성애자이자 이성애자였고, 우스꽝스러운 사람이자 비참한 사람이었고, 진보주의자이자 보수주의자였고, 유신론자이자 무신론자였고, 심지어 산 자이자 망자이기도 했다. 내 안의 모든 목소리는 스스로를 표현할 기회를 가졌다. (중략) 시간이 흐르면서 나는 타인의 삶에 대한 강박적인 관심과 내 머릿속의 다양한 목소리들을 부끄러워하지 않으려고 노력했다.[10]

　　나는 그녀의 글을 읽으며 커다란 위안을 받았다. 거리낌 없이 자신이 타인에 대해 '강박적인' 관심을 갖고 있다고 말하는 솔직함이 좋았다. 나는 학생들이 그들 안에 있는 다양한 목소리를 마음껏 표현하기를, 그 목소리들을 부끄러워하지 않기를 바랐다. 우리는 같은 사람이자 다른 사람일 수 있고, 한 사람이자 여러 사람일 수 있다. 또 타인의 인식에 다가가면서 그에게 공감할 수 있고 완전히 다른 삶을 경험해볼 수 있다. 우리는 템플 그랜딘이라는 실존 인물의 삶을 그린 책을 읽는 동시에 소설을 통해 타자의 삶을 상상할 수 있다고 말한 제이디 스미스의 글을 읽었다. 그녀의 글은 우리의 생각을 변화시켰을까? 불특정 다수의 독자들과

'그만하면 괜찮다'는 마음을 성찰해보고 싶었던 나에게도 그녀의 글이 영향을 미쳤을까? 그럴 수도 있고 아닐 수도 있다.

소설가들은 다양한 주인공들의 비밀 속으로 우리를 데려가며, 그중 일부는 때로 우리가 살아가는 세상의 수수께끼를 푸는 데 도움을 주기도 한다. 셉티머스의 전쟁 트라우마를 통해 속박과 해방의 감정을 동시에 보여주는 버지니아 울프의 소설은 실제로 템플 그랜딘이 살고 있는 세계의 일부를 이해하는 데 커다란 도움이 되었다. 우리는 그랜딘을 만나 그녀의 삶과 업적을 분석한 올리버 색스처럼, 인간의 마음 속에 서로 아무런 관련이 없고 모순적으로 보이는 면면들이 공존할 수 있다는 사실을 발견했다. 어떻게 그랜딘은 스스로를 "이미지로만 작동하는 검색엔진"이라 표현했으면서 사람들과의 접촉에서 오는 스트레스를 견디기 위한 포옹 장치를 발명했을까? 고통받는 동물에게 공감할 수 있는 특별한 능력을 가졌으며 어떤 범주에도 분류되지 않는 동물권 활동가와 전형적인 자폐 증상("철의 장막을 친 듯, 물리적 환경으로부터 단절되어 있는 사람들")을 보이는 여인이 같은 사람이라는 사실은 정말로 경이롭지 않은가?[11]

지나치게 보잘것없는 사람도,
지나치게 추한 사람도 없다.
_게오르크 뷔히너

사소한 몸짓에
관심 기울이기

●

　학생들과 함께 발견한 것들을 내 삶에도 반영할 수 있으면 얼마나 좋을까 생각해본다. 애석하게도, 이제 자주 그러지는 않지만 나는 여전히 나의 성공과 실패를 평가할 때 모순에 빠지곤 한다. 내 주치의도 분명 그렇게 생각했을 것이다. 내가 반쪽짜리 뇌 사건을 긍정적으로 받아들인 이유는 최근에 스스로에게 실망했기 때문이고, 또 다른 성취를 하게 되면 다시 웃음을 되찾고 야망을 품을 것이라고 말이다.

　그는 그만하면 괜찮다는 마음을 설파하는 사람들은 그저 자신을 속이고 있을 뿐이라고 속단했다. 그러나 학생들은 어떤 사람은 평범한 사람으로, 어떤 사람은 주인공으로 그의 인생 전체에 하나의 꼬리표를 붙이는 것은 부당하고 부적절하다는 의견을 내놓았다. 게다가 다른 많은 수식어처럼, 그런 극단적인 구분은 자신만이 아는 성공과 보이지 않는 성취가 만들어내는 미묘하고 내밀한 삶의 결들을 가려버린다고 지적했다. 이 주제는 우리 강의의 단골 주제가 되었다. 타인을 한마디로 규정하거나 칭찬과 비난을 퍼붓고 싶은 마음을 자제하고 타인의 불투명성을 인정하는 것은 난해한 책을 읽는 것과 같다. 그것은 위키피디아에서 제공되는 줄거리 요약본처럼 결코 쉽게 읽히지 않는다.

캐나다의 철학자이자 예술가 에린 매닝Erin Manning은 『사소한 몸짓The Minor Gesture』에서 의사소통의 문제를 탐구했다. 그녀는 우리의 성급한 판단이 일종의 회피 기술이라고 설명했다. 우리는 상대를 성급하게 판단함으로써 우리가 그를 파악하고 있음을 보여주려 한다. 반면 판단을 유보하는 것은 상대를 함부로 재단하지 않는 것을 의미한다. 우리는 대개 누군가를 하나의 유형, 상징으로 환원하지 않으면 그의 성과(우리의 성과 역시)를 평가할 수 없다고 생각한다. 그러나 상대에 대한 판단 유보는 타인과의 소통을 방해하는 경쟁심이라는 장애물을 제거해준다. 매닝이 일상에 영향을 미치는 사소한 몸짓과 소소한 결정을 그토록 중요하게 생각한 이유는 우리가 대수롭지 않게 여기는 모든 것이 우리에 대해 더 많은 것을 말해준다고 생각해서였다. 마찬가지로 우리가 겉보기에 평범해 보이는 사람들을 과소평가하는 이유는 우리가 이미 그들을 우리가 정해놓은 성공과 실패의 범주로 분류해서 판단하기 때문이다.

떠들썩하고 눈부신 성공은 어떤 사람이나 상황에 대한 즉각적인 평가(그러나 오해의 소지가 있는)를 가능하게 한다. 그렇게 우리는 겉으로 드러나는 성공에만 집중해 그것을 쉽사리 판단하고 평가한다. 이력서로만 누군가를 판단하는 것은 그 사람의 영혼을 짓밟는 일이다. 엄격한 평가 등급에 따라 누군가를 평가하거나 판단하지 않으면 기존의 가치도, 제도적 틀도 흔들릴 수밖에 없다. 따라서 기존의 가치를 흔드는 것이 '비범한 평범함'이 할 수 있는 역할일지도 모른다.

기존의 평가 방식을 무너뜨릴 수 있는 방법 중 하나는 우리를 둘러싼 세계 곳곳의 불투명성을 인정하는 것이다. 앞서 본 것처럼 자폐증은 여러 개념들, 그중에서도 이른바 명성의 가치에 대한 우리의 생각을 혼란에 빠뜨린다. 예컨대 우리는 상대방의 얼굴에서 기대한 표정을 읽지 못할 때 자존감에 상처를 입는다. 성공과 실패의 단계에서 우리가 어디쯤에 있는지 가늠하기가 어려워지기 때문이다. 상대의 헤아릴 수 없는 표정은 우리를 불안하게 하지만, 그것은 현실에서나 상상 속에서 우리가 어디쯤에 있는지를 다시 한번 생각할 수 있게 해주기 때문에 오히려 도움이 될 수 있다.

타인에게 인정받지 못할 때 우리는 괴로움을 느끼지만, 동시에 우리의 위치를 새로운 방식으로 재설정할 수 있다. 미국 철학자이자 젠더 이론가 주디스 버틀러는 이러한 혼란이 우리에게 반드시 필요하다고 주장한다. 『젠더 트러블』, 『비폭력의 힘』으로 널리 알려졌으며 이 세계에서 차이를 대면하고 공존할 가능성을 모색해야 한다고 주장하는 버틀러는 "그런 혼란이 우리를 무너뜨릴 수 있지만 그것은 우리의 상호 관계에 변화를 가져오고, 따라서 우리와 타인의 거리를 좁힐 수 있게 해준다"라고 설명한다. 그녀는 자만심에 사로잡혀 독단적 태도를 고수하면서 털끝 하나 상처 입지 않는 것보다 "서로가 서로에 의해 붕괴되는 것이 더 낫다"라고 강조한다. 또한 "자신을 방어하는 것은 타인의 존재를 통해 변화할 수 있는 기회를 놓치는 것이나 마찬가지"라고도 말한다. 우리의 운명이 이미 정해져 있다고 믿는 것은 우리에게 아무런 도움이 되지 않는다. 버틀러는 인간의 상호작용이란 합리와 모순, 붕괴와 구축 사이의 끊임없는 변증법이라고 말했다.[12] 다른 누군가를 변하지 않는 존재로 바라보는 것은 그의 다양한 모습을, 내면의 다양한 층위를 무시하는 것이나 다름없다.

타인의 겉으로 드러나지 않는 부분을 헤아려보는 것은 우리 눈에 보이는 것이 전부가 아니라는 사실을 인식하기 위한 훈련이다. 우리의 모순적인 모습은 그 덕분에 우리가 어떤 범주로도 분류되지 않는다는 점에서 오히려 우리에게 득이 될 수 있다.[13] 나 역시 겉으로 드러나지 않는 삶을 들여다볼 줄 알아야 한다는 데 깊이 동의한다. 더욱이 그것이 지나치게 비판적인 우리의 태도를 돌아보는 데 도움이 된다면 말이다. 누군가의 인생이 장편소설이나 단편소설로 쓰인다면, 그때도 여전히 우리는 그의 삶을 성공이나 실패로 성급하게 단정 지으려 할까? 그의 불안, 난해한 은유, 드러나지 않은 메시지, 모순된 상황을 이해하려고 하지 않을까? 아니면 모든 인간의 초상은 어림짐작일 뿐이고, 전체 중 일부이며, 더 큰 잠재력의 한 단면일 뿐이라는 생각을 갖고 존재의 이해할 수 없음을 예찬하게 되지는 않을까? 우리는 왜 쉽게 이해되는 예술 작품은 높이 평가하지 않으면서, 한 인간에 대해서는 그토록 성급하게 판단을 내리려 할까?

예술에 공감하며 수많은 감정과 신념을 투사할 수 있는 이유는 거기에 양면성이 존재하기 때문이다. 자신의 욕망이나 두려움과 관계없이 타인을 소설 속 인물처럼 바라본다면 어떨까? 그렇게 할 수만 있다면 타인에 대해 보다 풍성하고 다채로운 시각을 가질 수 있지 않을까? 타인에게서 예상을 벗어난 모순적인 면을 발견하고 당황할 때, 우리는 그 사람에 대한 판단을 멈추거나 유보할 수 있다. 그렇기 때문에 사소한 몸짓, 헤아릴 수 없는 것들에 관심을 기울이는 일은 무엇보다도 중요하다. 낯선 누군가를 마주했을 때 그를 천천히 관찰하고, 판단을 유보하고, 고정관념에서 벗어나 경청하고, 그와 서로 영향을 주고받는 것이야말로 타인을 존중하는 일의 시작이다.

나에게 관대한 만큼
타인에게도 관대하기를

●

　겉으로 드러나는 성취보다 타인의 움직임과 소리, 몸짓과 망설임에 관심을 기울일 때, 우리는 인간이 다양한 방식으로 존재할 수 있다는 것을 깨닫게 된다. 그렇다면 주변 공간을 파악할 때처럼, 전체보다 부분에 집중하면서 타인을 이해해보면 어떨까? 실제로 자폐인들은 비자폐인들과는 완전히 다른 방식으로 공간을 인식한다. 그들은 한 공간의 부분 부분을 차례로 조금씩 살펴보다가 전체를 파악하면서 시각적으로 공간을 재구성하는 경향이 있다. 이렇게 세상을 경험하는 다양한 방식에 관심을 갖게 되면서 나는 성공과 실패, '그만하면 괜찮다'는 마음과 '그것으로 충분치 않다'는 마음을 보다 깊이 있게 들여다보게 되었다. 단정적이고 획일적인 판단 기준을 버리고 나니, 행간을 제대로 읽어내고 보다 다양하고 풍성한 표현으로 타인에 대해 말할 수 있게 되었다.

인간의 경험이 어떻게 재구성되고 바깥으로 드러나는지 이해하려고 노력하면, 우리는 타인이 어떤 사람인지를 헤아리게 되고 그를 보다 너그러운 시선으로 바라볼 수 있게 된다. 타인과 나를 구별 짓는 것이 무엇인지에 세심한 관심을 기울이면 관심의 크기와 상관없이 성급한 판단에 제동을 걸 수 있다. 소소한 것, 하찮은 것, 다른 것, 심지어 무관심한 것을 인정하는 일은 누군가 가진 경험의 역사를, 그가 지금까지 걸어온 삶의 궤적을 헤아려보려는 노력이다. 모든 것을 명확하게 볼 수 있다고 자만하는 대신, 판단을 유보해보자. 눈에 보이지 않는 것들은 관심을 가질 때에야 비로소 그 모습을 드러낸다. 가장 하찮게 보이는 것이 진부한 판단 방식에서 우리를 벗어날 수 있게 해주고, 대단하고 중요한 것의 폭정에서 우리를 지켜준다.

그런 의미에서 소설 속 인물들은 내가 성급한 판단을 하려 할 때 제동을 거는 역할을 한다. 예컨대 셰익스피어의 비극 『리어

왕』에서 셋째 딸 코델리아와 함께 포로로 잡혀 감옥에 갇히게 된 리어 왕은 이렇게 한탄한다. "누가 지고 누가 이겼단 말인가. 누가 위에 있고 누가 아래에 있단 말인가." 버지니아 울프의 『파도』에 등장하는 지니는 스스로에게는 관대하지만 타인에게는 전혀 그렇지 않다. 지니는 스스로를 이렇게 설명한다. "내 안에는 수천 개의 모습이 있는 것 같아. 장난스럽기도 하고, 명랑하기도 하고, 나약하기도 하고, 우울하기도 하지. 또 단단히 뿌리를 내리고 있지만, 흘러가기도 하고."[14]

나 역시 지니처럼 여섯 가지 모습을 동시에 가지고 있고 돌연 모순적인 태도를 드러내면서도, 다른 사람을 평가할 때면 상상력이 굳어버리고 극도로 쩨쩨해지면서 관대함은 어디론가 사라져버린다. 울프의 소설에 등장하는 인물들은 대개 이렇게 서늘한 이중성을 드러낸다. 지니는 자신의 다양한 모습은 있는 그대로 인정하면서도 다른 사람을 관대하게 대할 마음은 조금도 없다. 울프의 소설 『등대로』에 등장하는 릴리 브리스코 역시 마찬가지다. 그녀는 마음속으로 찰스 탠슬리를 무시하고 있다가, 문득 자신이 그를 얼마나 과소평가하고 있었는지 깨닫는다.

릴리가 품고 있던 그의 이미지는 우스꽝스러운 것이었다. 그녀는 붓끝으로 질경이를 뒤적거리다 문득 그 사실을 깨달았다. 결국 우리가 타인에 대해 가지는 생각의 절반은 우스꽝스러운 것이었다. 그것은 단지 자신의 흥미를 위한 것이었다. (중략) 릴리가 그를 진지하게 대하고 싶었다면 램지 부인의 생각을 알아봐야 했고, 그녀의 눈을 통해 그를 바라봐야 했다.

제대로 보려면 50쌍의 눈이 필요할 것 같았다. 50쌍의 눈으로도 그 한 여자를 살펴보기에는 모자랄 것 같다고 그녀는 생각했다.[15]

타인을 우스꽝스러운 사람으로 왜곡하는 릴리의 모습은 유감스럽게도 어쩐지 낯설지가 않다. 나 역시 그녀처럼 얼마나 많은 타인을 내 식대로 함부로 재단했던가. 나의 잘못에 관대했던 만큼 타인의 잘못에 대해서는 얼마나 냉정하고 무자비했던가.

눈에 띄지
않는 사람들을
바라보기

능력주의라는
폭군

●

　최근 몇 년간 '능력주의'는 폭군에 비유되며 심심치 않게 비판을 받아왔다. 일반적으로 공공선에 기여한다고 여겨졌던 능력은 언제부터 폭군이 되었을까? 마이클 샌델은 전 세계 베스트셀러 『공정하다는 착각』에서 "능력은 승자에게 만족스러운 삶을 가져다줄 뿐만 아니라 자신보다 불운한 사람들에 대한 책임감에서도 벗어날 수 있게 해준다"라고 주장했다.[1] 능력주의가 폭군이 되는 현상은 대개 과정보다 당장 눈에 보이는 결과를 중시할 때 일어난다. 이런 현상은 승자와 패자로 세상을 이분하고, 그만하면 괜찮다는 마음을 무색하게 한다.

이는 청소년들에게 지나친 부담이다. 시민적 감수성에도 유해하다. 우리가 스스로를 자수성가한 사람 또는 자기 충족적인 사람으로 볼수록 감사와 겸손을 배우기가 어려워진다. 그리고 그런 감정이 없다면 공동선에 대한 배려도 힘들어지게 된다.[2]

능력주의를 신봉한 나머지 충분히 선한 자아를 등한시하거나 미국 철학자 윌리엄 제임스가 상급재판소라 부른 '신', '절대적 존재', '위대한 동반자'를 외면한다면, 우리 안에 존재하는 가장 선한 것의 '내면의 피난처'는 '공포의 심연'으로 바뀔 수 있다. 윌리엄 제임스는 오늘날 세상에 만연한 만족감을 얻기 위한 경쟁을 개인주의의 심연에 비유했다. 우리가 사회가 원하는 기준만을 따르면서 무분별하고 몰염치하게 성공만을 좇는다면, 눈에 띄지 않는 것들에 관심을 갖고 언제나 공동적이지만은 않은 공동선을 지켜낼 수 있을까?

돌이켜 생각해보면, 평범하고 그만하면 괜찮다는 마음으로 가기 위한 여정을 가로막은 가장 큰 걸림돌은 오직 나 스스로, 나만의 능력으로 무언가를 성취할 수 있다고 믿은 나의 아집이었다. 나의 성공은 온전히 내 것이어야 했다. 그런 의미에서 한때

였지만 내가 종교적 주제에 몰두하고 난해한 독서 모임에 매달렸던 것은 어쩌면 당연한 일이었다.

나에게 능력주의는 폭군이었다. 그 때문에 나는 내가 몰두했던 연구 주제에 잘못된 부분이 있어도 그것을 발견하지 못했다. 당시 내 머릿속을 채우고 있던 편집증, 질투, 금욕은 막막한 세상으로부터 나를 보호해주었다. 나는 책과 관념으로 둘러싸인 나의 세계를 사랑했다. 나는 윌리엄 제임스가 말한 상급 재판소를 필요로 하지 않았다. 실상 나는 나 자신을 증명하기 위한 투쟁 외에 어떤 것도 필요로 하지 않았다. 그리고 이것이 자기중심적인 목표가 아니라 보다 본질적인 플라톤 사상에 접근하기 위한 수단이라고 스스로를 설득하면서 나 자신을 합리화했다.

윌리엄 제임스가 존경을 표한 사람들, 말하자면 겉으로 드러나지는 않지만 훌륭한 행동을 하는 사람들을 생활 또는 책 속에서 발견하면서, 나는 이제야 겉모습 너머를 보는 일이 얼마나 까다롭고 지난한 일인지 깨닫게 되었다. 타인의 삶에 관심을 갖는 일, 그들이 걸어간 삶의 발자취와 그들의 다름을 들여다보는 일은 우리의 지평을 넓혀주기는 하지만 우리가 원하는 곳까지 빨리 가게 해주지는 않는다. 그래서 윌리엄 제임스는 곧장 앞으로 나아가지 않고 구불구불한 길을 멀리 돌아서 가는 사람들을 관대하고 너그러운 사람들이라 했다. 그들은 명예를 얻지 못하고 대개 등한시된다. 그렇지만 상관없다. 윌리엄 제임스는 그들은 자신과 마찬가지로 현실 세계에 존재하고, 부분들이 모여 전체를 이루듯 그런 사람들이 모여 더 나은 세상을 만드는 데 일조했다고 역설했다. 그리고 이렇게 눈에 띄지 않는 사람들(제임스는 그런 사람들이 대개 "자아의 경계가 모호하다"라고 지적했다)은 공교롭게도 타인에 대한 배려심이 가장 깊은 사람들이라고 덧붙였다.

> 그런 사람들은 질병과 불운에도 불구하고 (중략) 부분들이 모여 전체를 이루듯 자신들이 더 나은 세상을 만드는 데 일조한다는 것에, 즉 자신들이 마차의 말들을 달리게 하는 힘에, 젊은이들의 행복에, 노인들의 지혜에 동지애를 가지고 이바지하고 있으며, 밴더빌트나 호엔촐레른 가문의 번영에도 어느 정도는 기여했다고 생각하기에 남들은 이해할 수 없는 미묘한 희열을 느낀다.[3]

이처럼 윌리엄 제임스는 혜택받지 못한 이들을 희생양이 아니라 밴더빌트 가문(19세기 후반 미국의 대부호 가문이다 – 옮긴이)의

번영에 일조한, 이 세상을 이루는 한 부분으로 본다. 제임스는 그렇게 눈에 띄지 않는 사람들과 그들 덕분에 높은 지위에 오른 사람들의 관계에 주목한다. 그러면서 부와 명예를 움켜쥔 사람들이 그 자리에 오를 수 있었던 것은 바로 드러나지 않는 곳에 존재하는 사람들 덕분이라고 말한다. 그들이 없었다면 호엔촐레른 가문(프로이센 왕과 독일 황제를 배출해낸 독일 최고의 명문 가문이다 - 옮긴이)도 존재하지 않았을 것이라고 말이다. 더 고무적인 것은 다른 이들을 위해 더 나은 세상을 만든 사람들 역시 그런 세상에서 혜택을 받는다는 것이다. 제임스는 상류층과 서민층, 승자와 패자의 구분을 거부한다. 그는 흑백논리로 세상을 구분하는 것은 우리를 분열시킬 뿐만 아니라 우리를 하나로 묶어주는 강한 결속력을 와해시킨다고 주장했다.

우리에게 주는 이득에 따라 타인을 판단해서는 안 된다는 도덕적 명령은 지나치게 비현실적으로 느껴질 수 있다. 겉으로 볼 때 우리에게 줄 수 있는 것이 아무것도 없는 사람에게 어떻게 관심을 가질 수 있겠는가. 우리는 스스로를 보호하고 우리의 앞길을 방해하는 모든 것에 맞설 능력을 갖췄을 때, 이 세상에서 기쁨을 느낄 수 있다. 무대 앞을 차지하려는 싸움은 무대 뒤에서 무슨 일이 벌어지고 있는지를 잊게 만든다. 평범한 이들은 명예의 사다리 맨 아래에 있다. 그들은 대개 눈에 띄지 않으며 대수롭지 않은 일에 열심이다. 마이클 샌델은 능력주의에 관한 인터뷰에서 코헬렛(전도서) 9장 11절을 인용하며 가장 주목받는 사람들, 즉 '승자들'이 반드시 가장 칭송받을 만한 사람들은 아니라는 점을 강조했다. 우리가 흔히 능력이라 간주하는 것은 그저 행운일 뿐이라는 것이다.

나는 또 태양 아래에서 보았다. 경주가 발 빠른 이들에게 달려 있지 않고, 전쟁이 전사들에게 달려 있지 않음을. 또한 음식이 지혜로운 이들에게 달려 있지 않고, 재물이 슬기로운 이들에게 달려 있지 않으며, 호의가 유식한 이들에게 달려 있지 않음을. 모두 정해진 때와 우연에 마주치기 때문이다.

칭찬과 상을 받을 만한 사람을 명확하게 구별 지으면, 우리는 사다리의 맨 아래쪽에 있는 이들을 도외시하게 하게 되고, 성공이 오로지 개인의 능력에서 비롯한다는 환상에서 깨어날 수 없다. 샌델은 이런 신자유주의가 그릇되게 실현되는 것에 우려를 표하며 이렇게 말했다.

> 신자유주의는 우리를 끌어당기는 엄청난 힘이 있다. 언뜻 보기에
> 는 개인에게 권능을 부여하는 것처럼 보이기 때문이다. 그러나 착
> 각이다. 실제로 신자유주의는 더욱 치열해질 뿐인 경쟁을 부추기
> 고, 사람들을 분열시키며, 연대를 훼손하는 능력주의를 불러올 뿐
> 이다.[4]

경쟁에서 타인을 이기려고 하는 것은 분명 연대의 정신에 위
배된다. 하지만 피할 수 없는 것은 아니다. 내가 이 책을 쓰고자
한 이유는 동료들보다 앞서 나가기 위해서가 아니라 그만하면
괜찮다는 마음을 그토록 복잡하고 반직관적이며 무기력한 것으
로 만들어버린 나의 내면의 저항을 이해하고 싶어서였다. 샌델이
옳다. 이 책이 나만의 능력으로 세상에 나올 수 있었다고 어떻게
감히 말할 수 있겠는가. 실제로 이 책이 세상에 나오기까지는 수
많은 대화, 불협화음, 행운, 실망이 있었다. 능력주의라는 폭군은
불안의 폭군, 자만심의 폭군이기도 하다. 나는 나의 작업이 오로
지 나의 능력에서 비롯된 결과물이라는 생각에 사로잡힌 나머지,

부분들이 모여 전체를 이루듯 나 역시 더 나은 세상을 만드는 데 일조한 사람들과 다르지 않다는 사실을 망각하고 있었는지도 모른다.

아무것도 지나치지 않게.
_ 델포이

특별함을 떠받쳐주는
평범함

•

그 어떤 철학자보다 넓고 깊은 사상적 스펙트럼을 가졌던 니체는 한때 중용을 미덕으로 여기는 기존의 사상에 반기를 들었다. 그는 중용이란 사회의 하위 계층, 즉 자신이 어느 선에서 만족하는지를 탐구하기보다 적당한 선에서 만족을 느끼는 이들에게만 적용될 수 있는 개념이라는 주장을 펼쳤다. 이는 우리가 앞에서 본 아리스토텔레스의 '소프로시네', 즉 중용을 완벽하고 신성에 가까운 미덕으로 여기는 절제된 삶을 폄하하는 것이나 다름없었다. 니체는 이른바 '훌륭한 중용'을 실천하는 사람들은 경험 그 자체를 즐기지 못한다고 주장했다. 그는 중용을 추구하는 사람들은 '소수의 특권층', 즉 생명력과 열정이 넘치는 선택받은 행복한 사람들과 달리 도전을 꺼리고 현상 유지에 만족하는 경향이 있다고 말했다. 또 소수의 재능 있는 사람들이 이런 평범한 사람들에게 감사의 마음을 가져야 한다고 빈정거리기도 했다. 기꺼이 위험을 감수하며 도전하는 소수의 특권층이 발전할 안정적인 기반을 마련해주는 것이 바로 이런 평범한 사람들이라는 것이다.

평범함 없이 어떻게 특별함이 존재할 수 있겠는가. 타고난 재능과 상위 문화는 평범함이라는 조연 덕에 존재감을 드러낼 수 있다. 니체는 상위 문화에 대해 이렇게 설명했다.

> 그것은 일종의 피라미드와 같다. 상위 문화는 이를 떠받치는 넓은 토대 위에서만 서 있을 수 있으며, 무엇보다도 강하고 단단하게 다져져 있는 평범함을 전제로 한다.[5]

스탕달을 비롯해 프랜시스 트롤로프$^{Frances Trollope}$, 그리고 어떤 면에서는 토크빌 역시 미국이 하향 평준화된 원인으로 이 거대한 토대를 지목했다. 토크빌은 민주주의 이론의 고전으로 꼽히는 그의 저서 『미국의 민주주의』에서 "미국에서 다수는 수적인 우세로 여론을 형성하고, 개인들은 다수의 여론에 의존하여 판단하고 선택하려 한다"라며 '다수의 폭정'을 꼬집었다.[6] 그는 진부한 여론을 형성하는 다수는 피라미드 맨 아래에서 고상하고 독창적인 가치를 떠받들고 있다고 주장했다.

이 지점에서 소위 '평범한' 사람들은 대개 미술이나 미학에 관심이 없다는 고정관념이 엘리트층과 평범한 사람들 간의 갈등에 얼마나 뿌리 깊게 박혀 있는지를 짚고 넘어갈 필요가 있다. 오랫동안 평범한 사람들은 일상을 초월하기보다 그저 소수의 특권층을 따라 하고 모방하고 복제한다고 여겨졌다. 실제로 보들레르, 플로베르, 오스카 와일드는 예술가의 탁월함이 독창성으로 드러난다는 것을 보여주었다. 그들은 과감하게 관습을 타파하고 새로운 형식을 창조하는 예술을 추구했다. 반대로 당시 '질 낮은 예술'은 부르주아의 삶처럼 반복이라는 회색 지대에 갇혀 모방하는 것에 그치고 만다는 비판을 받았다. 타고난 천재성과 모방은 공존할 수 없었다. 다시 말해, 평범한 사람으로 취급받는 것과 평범한 사람이 되려고 노력하는 것(톨스토이가 그랬던 것처럼)은 완전히 다른 취급을 받았다.

플로베르의 『마담 보바리』에서 샤를 보바리는 주어진 삶에 만족하며 행복감에 젖은 나머지 자신의 결혼 생활이 파탄 나고 있다는 것을 전혀 눈치 채지 못한다. 반면 소설에서 빠질 수 없는 파격적 인물인 에마 보바리는 재미없고 우직하기만 한 남편에게 환멸을 느끼고 지루한 생활에서 벗어나고 싶어 한다. 그녀는 자신의 기대치를 충족시켜주지 못하는 남편을 경멸한다. 플로베르는 어느 한편에 치우치지 않고 두 주인공의 평범함을 냉정하게 탐구한다. 샤를은 지루하고 둔한 남자이고, 에마는 자신의 별 볼 일 없는 애인들을 신처럼 떠받든다. 플로베르는 이런 평범함에 대한 확실한 치료제로 완벽한 문장을 쓰는 데 집착했다.

평범함은 규칙을 고집하지만 나는 그것을 증오한다. 나는 규칙의 반대편에 서 있다고 생각한다. 나는 단체, 계층, 위계, 계급, 집단, 내 영혼에 가득 찬 증오까지, 그 모든 제약의 반대편에 있다. 그리고 아마도 이 반대편에서 나는 고통을 이해하게 될 것이다.[7]

삶이란 혼란스럽고 불완전할 뿐이라고 생각한 플로베르는 예술에서 완벽함을 추구하는 데 몰두했다. 자신의 소설이 '그만하면 괜찮다'는 평가를 받을 수도 있다는 생각만으로 플로베르는 모욕감을 느꼈다. 그는 한 서신에 이렇게 썼다. "삶에서 벗어나기 위해 나는 절망 속에서 예술에 몰두하고 있다." 삶에서나 예술에서나 적당히 만족하지 않고 완벽함을 추구했던 플로베르는 루앙 근교의 작은 마을 크루아세에서 글쓰기에 전념하며 은둔자처럼 살았다.

니체는 제각각의 다른 인간들이 모두 같아지는 상황을 비판적으로 바라보면서, 평범함을 '이상화'하는 사람들은 무리 동물의 정신을 가지고 있다고 일갈했다. 그는 범속한 정신이 극도의 고통과 기쁨을 무디게 하고 탁월함을 전문성으로 바꿔놓는다고 주장했다. 그리고 모든 사람들을 한쪽 분야와 전문성에 가두어두려는 근시안적인 사람들을 "구석에 있는 자들"이라 칭했다.[8]

니체는 다양성과 다수성에 함께 연결되어 서로가 서로를 모방하려고만 하는 범속한 사람들이 어떻게 위대함에 도달할 수 있겠느냐고 반문했다. 니체는 전문성과 달리 탁월함은 근본적으로 단일한 것이라고 생각했다. 그는 그렇게 하향 평준화된 사람들은 원대한 야망을 품지 않은 채 짧은 인생을 살다 간다며 이렇게 말했다. "평범한 자들에게는 평범하게 사는 것이 행복이다. 어떤 한 가지 일에 통달하는 것, 곧 전문성은 하나의 타고난 본능이다." 니체는 그런 행복은 모호하기 짝이 없으며 창의력을 약화시킨다고 주장했다.

건강한 사회에서는 (중략) 어디서나 서로 다른 생리적 경향을 지닌 세 가지 유형의 인간을 구별할 수 있다. 정신력이 뛰어난 자들, 근육과 기질이 강한 자들, 그리고 세 번째 유형인 평범한 인간들이다. 평범한 인간들은 대다수를 차지하고 있으며, 정신력이 뛰어난 자들은 선택된 자들로 나는 그들을 '극소수의 인간들'이라 부른다. 그들은 가장 존경할 만한 인간이다. 그렇다고 해서 그들이 가장 쾌활하고 가장 사랑스러운 사람들이 아니라는 말은 아니다. 그들은 자신들이 원해서가 아니라 '존재'하기 때문에 지배한다. 그들은 마음대로 두 번째 계급이 될 수 없다. (중략) 삶은 높은 곳으로 올라갈수록 점점 가혹해진다. 점점 더 추워지고 책임도 무거워진다. (중략) 평범한 자들에게는 평범하게 사는 것이 행복이다. 어떤 한 가지 일에 통달하는 것, 곧 전문성은 하나의 타고난 본능이다. (중략) 평범함은 특별함이 존재하기 위한 '첫 번째' 필요조건이다. 상위 문화는 그것을 기반으로 한다.[9]

니체가 말한 "극소수의 인간들"은 경쟁이나 계급에 휘둘리지 않는다. 시기심이나 열등감이 없는 그들은 사실상 두 번째 계급이 될 수 없다. 그렇게 하려 해도 그렇게 될 수 없다. 그들은 제압되지 않는다. 원하는 대로 자신을 자유롭게 재창조할 수 있는 그들은 정해진 어떤 범주에도 묶이지 않는다. 반면 "평범한 인간들"은 이와 반대다. 그들은 전제적 지배자의 눈치를 본다. 그들은 예술가나 사상가라기보다 명령을 따르는 실행자, 즉 규율의 포로다. 전문성이라는 도구가 없으면 그들은 아무것도 아니다. 요컨대 평범한 인간들은 모방하고 복제하지만, 극소수의 인간들은 집단의 규율을 아랑곳하지 않는 단독 행위자로서 우연성에 기대지 않고 어떤 범주에도 묶이지 않는다. 탁월함과 독창성을 향한 극도로 비현실적인 니체의 관념은 '수공업, 상업, 농업'[10]을 업으로 삼는, 이른바 전문성을 가진 이들의 겉으로 드러나지 않는 면면들을 깡그리 무시한다.

평범한 것들에서
아름다움을 발견하려면

●

　니체는 랄프 왈도 에머슨의 『자기신뢰』를 읽고 "나 자신을 믿고 앞을 향해 나아가야 한다"라는 그의 성찰에 큰 감명을 받았다고 한다. 또 "책을 읽으며 이토록 깊은 공감을 한 적이 없다"라고 말하며, '모방자'를 구제 불능의 평범함을 선고받은 가련한 사람이라고 신랄하게 비판한 에머슨을 옹호했다.

　사회에서 가장 우선적으로 요구되는 덕목은 순응이다. 이때 자기신
　뢰는 반감을 불러일으킬 뿐이다. 사회는 실존과 창조성이 아닌 명분
　과 관습을 소중히 여긴다.[11]

에머슨은 독창성을 억압해 한계를 뛰어넘지 못하게 하는 순응을 가장 경계했다. 그는 자기를 신뢰한다는 것은 기꺼이 위험을 감수하고 안전지대 밖으로 나오는 것이라 생각했다. 에머슨은 "이 시대의 하찮은 평범함과 비열한 안일함"을 직시하고 거기에서 벗어나라고 일갈했다.[12] 그는 한 치의 망설임도 없이 평범한 사람들을 경멸했다. 평범한 사람들은 틀에 박힌 관념을 수동적으로만 받아들인다고 지적하면서, 어리석은 일관성은 편협한 사람들이 숭배하는 "소인배들의 도깨비"라고 비판했다.

그의 주장은 그만하면 괜찮다는 마음과 너무나 동떨어져 있다. 나 역시 학업을 하는 동안에는 에머슨이 주장한 완고한 개인주의를 기꺼이 받아들였는지 모른다. 안일한 생각에서 벗어나는 일은 비겁하고 옹색하게 타협하지 않고 시류를 따르지 않는 것을 의미했다. 그러나 이제 나는 그가 또 다른 인정의 형태를 전혀 고려하지 않았다는 사실을 안다.

내가 '유보의 관용'이라 칭한 이 개념은 프랑스식 관용과 판단의 유보가 합쳐진 것으로 관대함과 배려가 결합된 개념이라 할 수 있다. 그것은 어떤 정보에 즉각적으로 반응하지 않는 기질, 성향, 태도다. 예전의 나는 분명 완벽하지 않은 모든 것을 가차 없이 비판하는 이상한 악마의 목소리를 따르며 유쾌함과는 거리가 먼 사람이었다. 더 깊이 들여다보고 인내하는 법을 조금도 배우려 하지 않았다. 겉으로 드러나지 않고 숨어 있는 것을 어떻게 이해해야 할지 몰랐다. 내가 세상을 다른 방식으로 이해했다면, 에머슨과 니체가 폄하했던 평범한 사람들의 관습을 다르게 바라볼 수 있지 않았을까? 자발적인 사회 참여, 타인을 함부로 판단하지 않는 배려 같은 것으로 말이다. 위압적이지 않으면서 존재감을 드러내고, 비겁하지 않으면서 평범할 수는 없는 걸까? "대수롭지 않은 역할만을 하는 비겁하고 겁 많고 소심한 자들"은 니체의 적이었다. 그리고 그들은 한때 나의 적이기도 했다. 그러나 대수롭지 않은 역할, 자기비하에 대해 내가 실상 알고 있는 것은 무엇이었나. 왜 그 모든 것은 나로 하여금 타인의 기대에 미치지 못할지도 모른다는 두려움을 불러일으켰을까?

　평범한 사람들에 대한 니체의 평가는 흥미롭지만 왜 그토록 단정적일까? 버지니아 울프의 표현을 빌리자면, 니체는 이 "하찮은" 사람들을 단호한 시선으로 내려다보면서 그들이 다른 모습으로 나타날 수 있는 가능성을 배제한 채 그저 "우스꽝스러운 존재"로 취급했다. 니체는 밖으로 드러나는 자아와 내밀한 자아를 너무 쉽게 하나로 합쳐버렸다. 실존 인물과 허구의 인물이 보여주는 이중성을 그토록 빼어나게 분석한 사상가이자(그는 도스토예프스키의 『지하생활자의 수기』에 큰 영향을 받았다), 인간의 내면이 얼마나 변화무쌍하고 이해할 수 없는 것인지를 처음으로 인식한 철학자 중 한 사람인 니체가 어떻게 평범함을 그렇게 단정하고 폄하할 수 있었을까?

어쨌든 니체는 후에 평범함에 대한 자신의 견해를 바꾸었다. 니체는 억압적인 가족과 떨어져 살았고, 대학을 떠나 홀로 연구에 매진했으며, 연애에는 숙맥이었고, 감정 기복이 심했으며, 살아생전 외면당했던 자신의 글들을 자비로 출판하기도 했다. 탁월함을 때로는 예찬하고 때로는 조롱했으며, 순응을 경멸했다가 찬양한 그의 인생 역정을 돌아볼 때, 그가 평범함에 대한 견해를 바꾼 것은 그리 놀라운 일이 아닐지도 모른다. 예컨대 니체는 그의 유작이 된 『이 사람을 보라Ecce Homo』에서 '아모르 파티Amor Fati, 운명을 사랑하라'를 예찬한다. 그는 평범함을 다른 시선으로 보게 된 후부터 관용의 태도를 보였을 뿐 아니라, 현재를 보다 강렬하고 열정적으로 사랑했다. 나는 니체가 회심하기까지 겪었던 지난한 고통을 들여다보며 나의 개인적인 삶의 여정을 반추해보았다. 그리고 니체의 이 문장에 완전히 매료되었다.

어떤 것도 지금과 다른 것이 되기를 원하지 않기. 미래에도, 과거에
도, 영원히 말이다. 그것은 또한 일어날 수밖에 없는 일을 단순히 견
디기만 하지 않고 은폐는 더더욱 하지 않으며 (중략) 그것을 사랑하
는 것이다.[13]

『이 사람을 보라』에서 이 문장이 특히 내게 감동적으로 다가
온 이유는 니체가 '그것으로 충분치 않았던' 자신의 과거를 은폐
하지 않겠다고 결심했기 때문이다.

그렇다면 이미 저질러진 실수나 부서진 희망은 어떻게 해야
할까? 정답은 없다. 다만 우리는 우리가 재앙이나 파멸로 여긴 것
들을 대수롭지 않게 여기고, 일어날 수밖에 없었던 일에서 교훈
을 찾을 수 있을 뿐이다. 니체는 『이 사람을 보라』가 출간되기 6년
전에 이미 '판단을 유보하는 삶'을 살고자 결심했다.

일어날 수밖에 없는 일들을 아름답게 보는 법을 배우고 싶다. 나는
그런 일들을 아름답게 만드는 사람 중 하나가 될 것이다. (중략) 나

는 비난하고 싶지 않다. 비난하는 사람을 비난하고 싶지도 않다. '눈길을 돌리는 것'이 나의 유일한 부정의 표시일 것이다! 그리고 무엇보다도 (중략) 언제나 모든 일에 긍정적인 사람이 되고 싶다.[14]

평범한 것들에서 아름다움을 발견하려면 높은 것과 낮은 것, 아름다운 것과 추한 것을 이분법적으로 구분하는 태도에서 벗어나야 한다. 대개 이런 태도에 반대했던 니체는 결국 비난과 부정적인 태도를 멈추고 눈앞에 있으나 숨겨져 있을지 모를 '좋음'이 찾아들 수 있는 공간을 열어두자고 제안했다. "일어날 수밖에 없는 일들을 아름답게 보는 법"을 배워야 한다는 것은 신성한 명령과 같다. 이런 삶의 태도를 선택하는 건 온전히 각자의 몫이다. 평범함과 그만하면 괜찮다는 마음에 관한 문제는 매우 예민하고 민감해서, 고백하건대 나 역시 이 책을 쓰는 내내, 그리고 내가 처한 상태(행복한 상태, 낙심한 상태, 자만하거나 소심한 상태)에 따라 우왕좌왕 갈피를 잡지 못했다.

높은 것과
낮은 것

●

　에머슨이 저 높은 곳에서 예술과 철학을 논하며 소수의 특권
층을 예찬했다면, 몇몇 작가들과 철학자들은 인간이 만드는 물건
과 노동에서 삶의 교훈을 찾아내려고 했다. 그들은 보다 폭넓게
자신의 생각을 대중과 공유하고, 플라톤적 관념과 추상의 영역에
서 벗어나기 위해 물질세계로 눈을 돌렸다. 비트겐슈타인을 예
로 들자면, 일각에서는 그가 했던 건축 작업이 철학자였던 그에
게 근본적인 변화를 불러일으켰다고 평가한다. 건축 작업을 했다
고 해서 그가 장인으로 거듭난 것은 아니지만, 덕분에 그는 추상
과 구상을 결합할 수 있었고, 물질세계와 맞닿은 그의 철학적 사

유는 더욱 풍성해졌다.

비트겐슈타인은 정원을 가꿀 때도, 강의를 할 때도 자신에게 주어진 학문적 특권과 사회적 특권을 거부했다. 명문대 학생이 아닌 소외된 아이들을 가르치고, 몸소 노동을 함으로써 직업에 대한 편견에 반기를 들었다. 그는 살아생전 가장 위대한 철학자로 손꼽혔음에도 높은 것과 낮은 것, 명성과 소박함의 경계를 허물어뜨리려 했다. 그래서 빈의 호화로운 저택에 살았던 갑부 집안 출신이었음에도 오스트리아의 작은 산골 마을에 들어가 무척 소박한 삶을 살았다. 그러나 이런 자발적 소박함은 지역 사람들과 한데 어울려 살아가고자 하는 그의 의도와 다르게 이해되었다. 사람들은 그런 생활을 하는 그를 기이하고 특이한 사람이라 생각했고, 사람들과의 거리는 더욱 멀어지기만 했다. 자신과 같은 귀족 출신인 톨스토이의 영향을 받은 비트겐슈타인은 그렇게 자신만의 방식으로 그만하면 괜찮은 평범하고 소박한 삶을 영위하면서 내적 구원에 도달하고자 했다.

톨스토이 역시 가능한 모든 방법을 동원해 평범한 사람이 되고자 했다. 그에 대해 러시아 철학자 셰스토프는 『비극의 철학』에 이렇게 썼다.

톨스토이는 평범한 사람과 가까이 지내면서 그 자신이 평범해지기 위해 갖은 노력을 다 했던 독특한 천재였다.[15]

톨스토이는 자신의 명성에도 불구하고 허영심에 빠지지 않고 특권을 누리지 않기 위해 전형적인 금욕주의 원칙 몇 가지를 고수했다. 자기부정과 자기혐오, 변덕스러운 명성과 성공에 대한 경멸, 가장 헛된 욕망의 근원인 육체에 대한 증오가 그것이다. 톨스토이는 강박적일 정도로 금욕주의에 집착했다. 그러나 비트겐슈타인과 마찬가지로 자신을 드러내지 않고 익명성에 숨고자 했던 그의 바람은 그의 탁월함을 더욱 두드러지게 할 뿐이었다. 그가 자신을 숨길수록, 평범해지려고 할수록 그의 철저한 이타성은 사람들의 관심을 끌었고, 그의 노력은 수포로 돌아갔다. 이런 자발적인 평범함은 그 자체로 모순이다. 평범함을 '열망'한다고 해서 반드시 그렇게 되는 것은 아니기 때문이다. 비트겐슈타인과 마찬가지로 톨스토이 역시 자기부정이나 육체노동으로 바라던 구원에 닿지 못했다. 오직 복잡한 마음만이 단순하고 평범해지기 위한 노력을 한다.

앞서 고백했듯 나는 대학 시절 때부터 초임 강사 시절까지 무지와 불안 때문에 난해하고 종교적인 관념에 집착했다. 비트겐슈타인이나 톨스토이처럼 노동으로 사유할 수 있다고 생각지 못했다. 내가 탐독했던 책들은 무척 난해해서 나조차도 종종 이해하는 데 어려움을 겪곤 했다. 한번은 이런 일이 있었다. 박사과정을 밟고 있던 시절, 동료 몇몇과 카페에서 끔찍할 정도로 두꺼운 자크 라캉의 책에 대해 토론을 하고 있었다. 언제나 동료들에게 내 한계를 들킬까 봐 전전긍긍했던 나는 미리 한 철학 책에서 발췌한 진부한 문장 몇 개를 준비해갔다. 그때 옆 테이블의 누군가가 우리를 쳐다보고 있는 것을 눈치 챘다. 순간 너무나 부끄러워 얼굴이 벌겋게 달아올랐다. 내가 바보처럼 보였을까 봐서가 아니라, 대단한 지식인인 양 거드름을 피우는 것처럼 보였으면 어쩌나 해서였다.

그 일은 오랫동안 나를 괴롭혔다. 모순된 감정이 충돌했고, 내가 어떤 태도를 취하든 그것은 허울에 불과하다는 사실을 문득 깨달았다. 다른 학생들이 그토록 선망했던 그 독서 모임은 실상 학자 행세를 하며 노닥거리는 자리일 뿐이었다. 나는 그런 모습을 원하지 않았지만 그렇다고 그것을 놓아버릴 자신도 없었다.

박사과정 세미나는 고문처럼 느껴지기 일쑤였다. 우리는 서

사적 줄거리가 있는 소설이 아닌 제임스 조이스나 로베르트 무질의 작품처럼 실험적인 소설들을 주로 연구했다. 나는 여기서 한 발 더 나아가 「미학적 원리의 난해함」이라는 제하의 논문을 쓰기도 했다. 19세기의 대중적 문학과 결별한 작가들을 주제로 한 논문이었다. 그들은 신문 연재 소설을 혐오했다. 또한 숨 가쁘게 흘러가는 줄거리 전개와 순애보보다 읽는 사람을 숨 막히게 하는 길고 집요한 묘사에 치중했다. 나는 유명한 작가나 철학자가 호평한 작가들에게도 관심을 가졌다. 특히 독일의 비평을 신봉해서 관련된 작품들을 열성적으로 수집하기도 했다. 니체가 찬란할 정도로 담백하다고 예찬한 오스트리아 작가 아달베르트 슈티프터Adalbert Stifter의 발자취를 따라 빈의 도서관에서 긴 시간을 보낸 적도 있었다. 심지어 황달에 걸렸을 때도 나의 금욕주의가 실제 병으로 나타났다고 여기며 무척 뿌듯해했다. 마침내 우울은 나의 친구가 되었고, 그것은 당연한 수순이었다.

숭고한 대의를 위해 살면서 행복을 바랄 수는 없었다. 그리고 스스로를 지적 속물이라 부르며 나 자신을 가혹하게 대했다. 나는 선대의 과오를 씻기 위해 고통을 자처했던 비트겐슈타인처럼 행동했다(당시에는 그것이 일종의 금욕주의라고 생각했다). 그래야만 초등학교 때부터 내내 의심하고 싸워왔던 나만 아는 나의 평범함을 숨길 수 있을 것 같았다. 그러던 어느 날, 한 친척이 나에 대해 하는 말을 우연히 듣게 되었다. 나는 그저 유식한 척하는 여류 학자일 뿐이고 그렇게 고리타분한 학문을 선택한 것은 실수라는 말이었다. 나는 그 말을 긍정적으로 받아들였다. 그 경솔한 친척이 내 선택을 비난했다면, 그것은 내가 올바른 방향으로 가고 있다는 증거라고 생각했다.

나는 위대한 예술, 즉 극도로 난해한 철학에 헌신하고 싶었다. 이 특별한 영역에 들어가면 불안과 우울이라는 악마로부터 나를 보호할 수 있을 것이라고 굳게 믿었다. 돌이켜보면 효과가 있었는지는 잘 모르겠다. 아니, 솔직히 말하면 별 효과가 없었던 것 같다. 위대한 예술, 즉 추상적 관념이 인간을 구원해줄 것이라 믿었던 나는 너무나 경직되어 있었다. 성취보다 사유를 중요시하는 삶을 선택한 것을 정당화하고 싶었다. 스스로 저급 예술에 맞서 용맹하게 싸우고 있는 돈키호테라고 생각했지만, 정작 나는 나 자신의 위선과 싸우고 있었던 것이 아닐까? 나는 내 주변에 존재하는 겉으로 드러나지 않은 경이로움을 보지 못한 것이 아니라 보지 않기 위해 눈을 가리고 있었다. 다른 이들과 구별되기 위해,

평범한 사람이 되지 않기 위해 상업적이거나 싸구려 쾌락에 '오염'되지 않은 순수의 미학을 추구했다. 수년이 지난 지금 돌이켜보면, 나는 자신의 삶을 문학의 제단 위에 바치지 않은 사람들을 보잘것없는 사람들이라 여겼는지도 모르겠다. 순수한 영혼에 대한 열망과 모든 현실적 감정을 거부한 나의 태도는 일상의 만족으로 가는 길을 막는 걸림돌처럼 나를 평범하여 찬란한 삶으로보터 멀어지게 했다.

카이사르의 생애가 우리네 인생보다
더 많은 교훈을 주는 것은 아니다.
황제의 삶이든 민중의 삶이든,
온갖 인생사에 부딪히는 한낱 삶일 뿐이다.

_ 몽테뉴

6장

노동이
예술이
될 때

우리가 잘 모르는
노동의 가치

●

　미국 사회학자 리처드 세넷은 내가 왜 그토록 일상의 현실이
아닌 추상적 관념에 집착했는지를 근본적으로 깨닫게 해주었다.
나는 왜 그렇게 예술과 수공업을, 사상가와 제작자를 구별하려
했을까? 버지니아 울프는 『자기만의 방』에서 그 이유를 이렇게
설명한다.

　한 성별에 대한 다른 성별의, 한 자질에 대한 다른 자질의 그 모든
　궤변, 열등함을 전가하면서 우월함을 주장하는 모든 일은 인간의 운
　동장에서 벌어지는 일이다. 거기에는 '진영'이 있고, 한 진영이 다른

진영을 이겨야 한다. 그리고 가장 중요한 것은 단상에 올라 학교장에게 직접 정교하게 장식된 트로피를 받는 것이다.[1]

울프는 재능이 뛰어나든 평범하든 모두가 똑같은 대우를 받는 것은 아니라고 말한다. 그는 "한 진영이 다른 진영을" 이기고 전능한 우두머리에게 1등 상을 받아야 한다는 이분법적 사고를 비판한다. 그런데 예술과 수공업이 동일한 반열에 있다는 것을 인정하면, 열등함을 다른 이에게 전가하며 우월함을 주장할 필요가 없다.

리처드 세넷은 그의 저서 『장인The Craftman』에서 우월한 천재와 열등한 장인이라는 이분법을 해체했다. 그는 고귀함과 평범함 사이의 경계를 허물면서 일 자체에서 보람을 느끼고 세심하게 자신의 일에 정성을 다할 때, 손으로 하는 작업 역시 예술의 반열에 오를 수 있다고 주장했다. 그의 메시지를 좀 더 일찍 받아들였더라면 얼마나 좋았을까. 그렇다고 직접 빵을 굽지 않거나 도자기 수업을 듣지 않은 것을 후회한다는 말은 아니다. 다만 사유의 방식이 이렇게 다양한 줄 알았더라면 뇌를 덜 혹사시키고 우울을 누그러뜨릴 수 있는 다른 방식을 찾았을 것이다.

세넷은 타인에 대한 배려와 책임감을 갖고 더불어 살아가는 법을 배우는 데 있어 장인 정신에서 요구되는 헌신만큼 좋은 스승은 없다고 주장한다. 세넷은 숙련 노동이 성공과 실패의 표면적인 경계를 허물고 지식과 전문성을 공유할 수 있게 해주며 "타고난 능력은 누구에게나 있고, 그 능력의 정도도 별로 차이가 나지 않을 정도로 비슷하다"[2]라고 강조하며 노동의 가치를 재정립했다. 세넷은 가운데와 중간의 의미를 혼동해서는 안 되며 타인을 바라보는 시선을 왜곡하는 인위적인 경계에 흔들려서도 안 된다고 강조했다. 편도 2차선 도로 가운데에 그어져 있는 중앙선에서 '중앙'은 그저 공간적으로 가운데를 가리키는 표현으로 부정적 의미를 전혀 담고 있지 않지만, '중간'이라는 말에는 평범함이라는 열등의 개념이 내포되어 있기 때문이다. 세넷의 말은 우리에게 중요한 시사점을 던져준다. 나 역시 물건들이 어떻게 만들어지는지, 물건들을 오랜 시간 공들여 만드는 장인 정신에서 어떻게 아름다움이 발현되는지 알고 싶다.

그러나 모든 일이 말처럼 쉽지는 않다. 또 그렇게 하면 정말로 섣부른 판단을 하지 않고 사람들을 내 기준에 따라 구분하지 않을 수 있을까? 모든 것을 그렇게 신중하고 세심하게 살피다 보면 이 세상이 지루해지지는 않을까? 디킨스의 소설이나 심야 코미디 쇼에 등장하는 우스꽝스러운 인물들을 보고 웃는 것을 자제해야 한다면, 신랄한 풍자의 즐거움을 포기해야 한다는 말인가? 그 모든 것을 차치하고, 인생을 높은 것과 낮은 것, 뛰어난 것과 시시한 것으로 이분해서 보는 습관을 버리는 것은 정말로 가능하긴 할까?

뛰어난 개인이
세상을 바꾼다는 말

●

    보다 미묘한 세계에 속해 있는 사소한 몸짓을 포착하기 위해 시야를 넓힐 수 있는 한 가지 방법은 내가 아닌 다른 이들의 의식에 정신적으로 연결되는 것이다. 톨스토이는 역사란 수백 개의 사소한 사건, 그 자체로는 특별할 것이 없으며 복잡하게 얽혀 있는 결정들로 이루어지는 것이라고 말했다. 러시아군과 프랑스군 사이에서 벌어진 역사적인 보로디노 전투의 참혹한 결말에 대해 알고 싶다면, 나폴레옹이나 쿠투조프 장군에 주목해서는 안 된다. 그보다는 수많은 병사들의 사소한 결정들, 그들의 용기 있는 행동 혹은 비겁한 모습을 눈여겨봐야 한다. 그들의 이런 사소한 몸짓들이 프랑스의 러시아 원정 중 하루 동안 가장 많은 피를 흘린 전투로 귀결됐다.

> 전투를 지휘한 것은 나폴레옹이 아니었다. 그는 전투 현장에서 멀리 떨어져 있었고 무슨 일이 벌어지고 있는지 알지 못했다. 그러므로 병사들이 서로를 죽고 죽인 이 사건은 나폴레옹의 의지가 아니라, 이와 무관하게 전투에 가담한 수십만 병사들의 의지에 의해 벌어진 사건이었다.[3]

역사의 우연성을 짚어보고 있는 이 시점에서 영국 역사가 토머스 칼라일의 『영웅숭배론』에 대한 영국 철학자 이사야 벌린의 비판을 살펴보는 것은 '그만하면 괜찮다'는 개념을 이해하는 데 도움이 될 것이다. 벌린은 역사를 연구할 때 위인이라 칭송되는 사람들의 생애와 그들의 결정에만 관심을 두기보다 사건의 실질적 발단이 되는 '평범한 사람들'에게 더 주목할 필요가 있다고 주장했다.

> 군인이나 정치가가 정부라는 피라미드에서 더 높은 위치에 있을수

록, 그들은 존재 자체가 역사인 평범한 사람들이 있는 피라미드의 토대에서 점점 더 멀어진다. 그 결과 그들이 가지고 있는 공적 권한에도 불구하고 토대에서 너무나 멀리 떨어져 있는 이런 인물들의 말과 행위가 역사에 미치는 영향은 더욱 미미해진다.[4]

톨스토이와 벌린은 권력의 가장 높은 곳에서 벌어지는 사건들, 즉 거대한 프레스코화에서 볼 법한 역사적 사건보다는 역사를 만들어내는 이름 없는 개인들을 더 높이 평가해야 한다고 주장했다. 이는 역사적 영웅들의 공적을 무시해도 좋다는 말이 아니다. 다만 영웅들이 누리는 영광의 토대를 마련해준, 그저 평범하게 보이는 사람들의 역할을 헤아릴 수 있어야 한다는 말이다. 거듭 말하지만 이것은 쉬운 일이 아니다. 우리의 관심을 끌어당기는 것은 권력자들의 이야기, 액션 영화처럼 눈길을 사로잡는 뉴스 속보이기 때문이다. 우리는 미친 듯한 상승과 급작스러운 추락을 좋아하고 성공과 실패에만 집착하지 않는가.

역사에 관한 톨스토이의 이론을 실천에 옮기는 것은 생각보다 어렵다. 문학이 아닌 현실에서 이 세계를 구축하는 데 기여한 보이지 않은 '조연들'에 관심을 가지려면 어떻게 해야 할까?

상승과 추락의 짜릿한 광경에 흔들리지 않을 수 있을까? 세넷은 조너선 코브Jonathan Cobb와 공저한 『계급의 숨겨진 상처The Hidden Injuries of Class』에서 우리의 시각을 바꿀 수 있는 효과적인 방법을 제시한다. 그는 각자가 자기중심적 판단에서 벗어나 사회적 존엄성을 인식하고 고양해야 한다고 주장한다. 힘에 대한 우리의 시각을 변화시킬 수만 있다면, 사회적 존엄성이 회복되고 중용은 오명을 벗게 될 것이라고 말한다. "어떤 상황이나 타인에 대해 더 많은 힘을 갖기보다 상처받은 자존감을 치료하는 데"[5] 마음을 써 보면 어떨까? 그러면 과시적인 명성은 설 자리를 잃고 그 자리에 결과보다 과정을 중시하는 전혀 다른 형태의 판단이 들어서게 되지 않을까?

세상에
하찮은 일은 없다

●

　추상적 관념에 대한 신봉과 '전혀 괜찮지 않다'는 마음의 괴로움에서 나를 조금 더 해방시켜준 것은 윌리엄 제임스, 존 듀이, 제인 애덤스 같은 사상가들이었다.

　'체화된 인지'라는 말을 처음 들었을 때, 나는 정말로 뜨악했다. 고귀한 인지가 어떻게 일상생활이나, 육체에 오염될 수 있다는 말인가. 그렇다면 체화된 인지란 대체 무엇을 의미하는 것일까? 그것은 바로 지금 여기에서 우리에게 주어진 것들로 최선을 다하고 타인들과 교류하는 것을 말한다. 다시 말해, 이상주의에 대한 배반이 아니라 복잡하고 역동적인 현실을 포용하는 것이다. 나는 존 듀이가 그의 아내 앨리스로부터 배운 것을 이해하기 시작했다. "이전에는 그저 이론의 대상에 불과했던 것"이 당연하게도 "인간에게 중요하고 직접적인 의미"를 지닐 수 있다는 것을 말이다.[6] 그러나 나는 계속해서 행동하고, 만들고, 관찰하는 것을 과소평가했고 순수한 관념에 대한 집착을 쉽사리 버리지 못했다. 당시 나는 변화무쌍하고 불안정한 물질세계에 대한 플라톤의 불신을 자연스럽게 받아들였다. 심지어 인간 정신의 비물질성은 내게 위안을 주기도 했다. '선善'의 범주를 확장하기 위해 세넷이 제시한 두 가지 예시, 즉 직물의 질을 판별하거나 물고기를 제대로 잡는 방법을 심사숙고하는 법에 대해 나는 정말로 관심이 없었다.

그런데 나는 오래지 않아 물고기를 제대로 잡는 것은 단순한 기술적 훈련의 문제나 반복적이고 맹목적인 숙련의 문제가 아니라는 것을 알게 되었다. 세넷은 예술 작품을 창작할 때와 마찬가지로 숙련 노동에도 '상상력'이 요구된다고 강조했다.[7] 그런데도 나는 이 두 영역을 완전히 다른 것으로 바라보지 않았던가! 세넷이나 앨리스 듀이와 달리, 나는 물질세계가 예술의 영역을 침범하지 않기를 바랐다. 순수한 관념이 그렇게 쉽게 접근할 수 있는 것이라면, 또 물고기를 잡는 것으로 획득할 수 있다면 그것이 어떻게 구원의 힘을 발휘할 수 있겠는가.

한편 위대한 예술을 단순한 오락으로 간주한 철학자도 있었다. 쾌락의 양이 동일하다면 음악이나 시나 오락이나 동등한 가치를 가진다고 말한 제러미 벤담의 주장[8]에 나는 절대 동의할 수 없었다. 그리고 그에 대해 "돼지에게나 어울릴 법한 학설"[9]이라고 반격한 존 스튜어트 밀에게는 박수를 보냈다. 같은 맥락에서 내가 한때 정말로 좋아했던 독일 철학자 테오도르 아도르노는 감히 예술과 쾌락을 연관시키는 사람을 경계하라고 충고했다(그는 "예술 작품에서 쾌락을 추구하고 발견하는 사람은 속물"이라고 했다[10]).

어느 여름, 나는 그의 책 『미니마 모랄리아Minima Moralia』에서 일광욕의 악영향에 관한 구절을 발견해 가족들에게 읽어주었다. 가족들은 그런 나를 못마땅하게 여겼다. 가족들의 피부가 구릿빛으로 그을릴수록(나는 침대 시트처럼 하얀 피부를 유지했다) 나는 이런 구절들을 읽으면서 가족들과 점점 더 멀어져갔다. "햇볕 아래에서 낮잠을 자는 것은 전혀 기분 좋은 일이 아니다. 심지어 신체적으로도 유익하지 않으며 영혼까지 빈곤하게 만든다."[11] 어쨌든 예술은 지극히 진지해야 했다. 그리고 그것이 희생적이고 형이상학적으로 음울하다면 금상첨화였다.

지적인 무언가가 언제나 내게 위안과 달콤한 위로가 되었던 것은 아니다. 다만 나는 비트겐슈타인의 한 구절, 되도록 무척 난해한 구절을 읽을 때 사소한 근심들에서 벗어날 수 있었다. 보들레르가 쓴 것처럼, '별 볼 일 없는' 현재에서 벗어나게 해주는 것은 "이 세상 밖"에 있는 듯한 느낌이다.

허면 너는 네 병중에 있을 때만 만족할 정도로 무기력에 빠져 있는가? 정 그렇다면 죽음의 모습을 한 나라들로 도망치자. 우리가 할 일을 깨달았으니, 가련한 영혼이여! 짐을 꾸려 토르네오로 가자. 그보다 더 멀리, 발트해의 저 끝까지 가자. 할 수 있다면 삶에서 더 멀리 떠나자. 극지에 터를 잡자. (중략) 마침내 내 영혼이 터져 나와 담담하게 내게 외친다. "어디라도 상관없어! 어디라도 상관없어! 이 세상 밖이기만 하다면!"[12]

물론 나의 우울을 보들레르의 그것과 비견할 수는 없겠지만, 그의 산문시들을 읽다 보면 스스로에게 만족하지 못하는 끈질긴 감정은 내면의 공허함에 뿌리를 두고 있다는 사실을 발견하게 된다. 그리고 그 지독한 결핍과 불안은 다른 것에, 더 위험하게는 다른 사람에게 전가된다. 그러면서 차츰 내가 있는 곳, 나와 함께하고 있는 사람을 원망하게 된다. 왜일까? 그 어느 것도 짜릿한 탈출의 느낌을 주지 못하는 까닭이다. 문제는 토르네오도 발트해도 아닌, 가닿을 수 없는 세상 밖을 향한 막연한 갈증, 애끓는 욕망이다. 그래서 나는 나의 보잘것없는 모습을 목격한 누구에게든 이 환상을 전이한다. 다시 말해, 스스로에게 만족하지 못하는 마음은 나로부터 시작되는 것이다.

이 책을 쓰면서 내면의 공허와 '그것으로 충분하지 않다'는 마음 사이에 불안하고 병적인 연결고리가 존재한다는 것을 깨닫게 되었다. 정신문화는 내가 느끼는 만족감의 원천이었다. 그러나 어떤 사람의 눈에는 경탄할 만한 일이 또 어떤 사람의 눈에는 별 볼 일 없는 일로 보일 수 있다. 문화는 하루아침에 갑자기 생겨나는 것이 아니라 전해져 내려오는 유산이라는 사실을 우리는 자주 잊는다. 무언가를 좋아하고 싫어하는 것은 복잡한 역사의 산물이다. 우리는 그런 문화를 자신의 정신적 만족을 위해 활용할 수 있다. 그것은 우리에게 득이 되기도 하고 실이 되기도 한다. 어쨌든 나는 평범함과 그만하면 괜찮다는 개념을 깊이 들여다보면서, 타인의 인정을 바라지 않고 경쟁에서 스스로 물러나는 이들에게 관심을 갖게 되었다. 타인의 인정을 구하는 데 무관심하고 현재에 만족하는 사람을 보면 나는 어떤 생각을 하게 될까? 그의 야망 없는 모습에 실망할까? 아니면 그의 겸허함을 시기하면서 못마땅해할까? 또한 내가 타인의 인정을 구하고자 할 때, 타인에 대한 평판은 고사하고 자신의 평판에도 관심이 없는 사람에게 어떻게 해야 인정을 받을 수 있을까?

무엇이
중요하고,
무엇이
하찮은가

육체노동자는 왜
덜 존중받는가

●

 스노비즘^{snobbism}(고상한 척하거나 자랑하고 허세 부리는 것을 이른다–옮긴이)과 '그만하면 괜찮다'고 만족하는 마음은 동전의 양면처럼 붙어 있다. 리처드 세넷과 조너선 코브가 쓴 『계급의 숨겨진 상처』에 등장하는 노동자들은 사회적으로 인정받기까지 얼마나 지난한 과정을 거쳐야 하는지를 보여준다. 두 저자는 학력 수준이 높을수록 자존감도 높을 것이라는 우리의 선입견에 의문을 제기한다. 표지에 있는 광고 문구처럼 왜 우리는 "자신의 가치를 사회가 인정하는 척도에" 맞추려고 애쓰는 걸까?[1] 이 책에 등장하는 다수의 노동자들은 학력이 높은 사람들이 언제나 존경과 존중을 받는 것에 반감을 드러낸다. 이른바 정재계 거물이나 공부깨나 했다는 사람들은 일상생활에서 모범적인 인간상을 보여주지 않는데도 왜 언제나 존중받는 것일까? 반대로 노동자들은 성실하고 정직하게 노동을 하면서 웬만큼 인정을 받기는 하지만, 그들이 투입한 시간과 세월에 비해 학벌이 좋은 사람들만큼 존중받지 못한다. 그래서 그들은 무엇을 하건 결코 '그만하면 괜찮다'는 마음을 갖지 못한다.

『계급의 숨겨진 상처』에 등장하는 노동자의 대부분은 육체노동을 정직하고 존중받을 만한 일이라고 평가한다. 노동자 계급에서 중산층이 된 사람들은 대개 예전의 진실된 생활을 그리워한다. 저자는 이런 현상을 사회학자들이 '두 세계 사이에 끼어 있는 상태'라고 정의한 지위 부조화 개념과 혼동해서는 안 된다고 강조한다. 실제로 이 책에 등장하는 한 인터뷰이는 육체노동이 훨씬 존중받을 만한 일이라고 평가하며 예전의 삶을 그리워한다.

리사로는 상류층에 속해 있는 사람들이 자신을 평가할 수 있다고 생각한다. 그들이 그 자체로 자신보다 나은 인간처럼 보이기 때문이다. 게다가 그들이 자신보다 높은 위치에 있다는 이유로 자신을 존중하지 않을까 염려한다. 그는 자신이 차지한 지위에 대해 정당성을 인정받고 (중략) 그들에게 존중받기 위해 그들의 수준을 따라잡아야 한다는 압박감도 느낀다. (중략) 그런 이유로 그는 학벌 좋은 사람들이 은행에서 하고 있는 지적 노동에 환멸을 느끼는 동시에 육체노동이 더 존중받아 마땅하다는 생각을 갖게 되었다.[2]

아홉 살부터 구두닦이를 했고 현재는 은행에서 대부 업무를 맡고 있는 이탈리아계 미국 이민자 3세대 프랭크 리사로의 눈에는 학벌 좋은 그의 동료들이 딱히 바람직한 일을 하지 않아도 언제나 존중받는 것처럼 보인다. 이는 학벌 좋은 사람들이 어떤 지위에 오른다고 해서 반드시 그 지위에 걸맞은 행동을 하는 것은 아니라는 증거이기도 하다. 그들은 그럴 만한 자격이 없는데도 왜 언제나 존중받는 것일까?

리사로는 교육이 그들을 더 세심하고 나은 인간으로 만들어주었을 거라 기대했을 것이다. 그런데 그는 예전에 육체노동자였다가 현재 은행에서 함께 일하는 그의 동료들이 한나 아렌트가 말한 "사무직 노동자 사회"에 젖어드는 모습을 발견한다. 단순히 어떤 업무에 고용되었다고 해서 그 업무에 필요한 인간의 잠재력이 발휘되는 것은 아니었다. 리사로는 자신보다 더 학벌이 좋고 뛰어난 동료들에게서 기능적 행위 외에는 아무것도 보지 못한다. 심지어 리사로는 노동에 대한 그들의 그릇된 자세를 확인한다. 그들은 자신이 하는 일에 적극적으로 뛰어들기보다 무사안일한 태도로 주어진 업무를 처리하는 데 급급하다. 리사로는 이런 새로운 상황을 받아들이려고 애쓴다. 그는 왜 '영혼 없는' 상태에서만 받아들일 수 있는 일을 위해 자신이 존중해 마지않았던 육체노동을 포기했을까?[3]

리사로가 형편없는 일이라 평가한 것, 다시 말해 적은 시간 동안 일하는 것을 학력 수준이 가장 높은 이들은 자신의 특권이라 여긴다. 이는 이쪽 편의 여유로움과 저쪽 편의 거북함 사이의 간극이 크다는 것을 상징적으로 보여준다. 그러나 이 책의 두 저자도 인정한 것처럼 리사로가 겪고 있는 혼란의 정도를 가늠하기는 쉽지 않았다. 끄집어내야 할 마음의 층위가 너무 많았고, 배제해야 할 감정이 너무 많았으며, 한눈에도 서툴러 보이는 언어로 표현해야 할 것들이 너무 많았기 때문이다.

그럼에도 한 가지는 분명했다. 리사로는 같은 장소에서 일하는 사람들에게 다른 규칙이 적용될 때, 자존감이 쉽사리 무너진다는 사실을 깨달았다. 특히 회사가 내규를 마련해 고학력 직원들이 9시에서 5시까지 근무시간을 지키지 않아도 그것을 암묵적으로 용인할 때는 모호한 규정과 유동적인 근무시간으로 인해 사람들의 사기가 꺾일 수 있다는 것이다. 이때 회사 내에는 긴장감이 팽배해지면서 사람들이 눈치 채기도 전에 일종의 카스트 제도가 생겨난다. 리사로의 회사처럼 비교적 결속력이 강한 회사에서조차도 마찬가지 상황이 벌어진다. 고학력 직원 중 하나가 다른 직원들은 들어본 적도 없는 책이나 영화를 언급하기만 해도 그들은 자존감에 큰 타격을 입는다.

　체면에 관련된 문제, 즉 상위 문화 테스트를 버틸 수 있는가의 문제는 그들이 결코 가볍게 넘길 수 있는 문제가 아니다. 『계급의 숨겨진 상처』에서 거론된 대부분의 경우, 가장 미묘한 문제는 경제적 불평등이 아니라 사회적 수치심이었다. 남에게 과시하거나 지적으로 돋보이고자 하는 성향을 가지고 있지 않다면, 내면의 확신에서 그치고 마는 존중받을 만한 자질을, 그리고 자신의 성공을 굳이 사방에 외치지 않는 존재가 가진 자부심을 어떻게 세상에 드러낼 수 있을까?

평범한 것들에서 아름다움을 발견하려면
높은 것과 낮은 것, 아름다운 것과 추한 것을
이분법적으로 구분하는 태도에서 벗어나야 한다.

대수롭지 않은 삶에도
경의를 표할 것

●

인정에 관한 문제는 에마뉘엘 보브의 단편소설『마음과 얼굴Cœurs et Visages』을 관통한다. 그는 외로움과 성공의 내밀한 측면을 이 소설의 테마로 삼았다. 1945년 사망한 그는 성공에 대한 시선의 변화를 이끌었으며 처음으로 소소함의 미학에 주목한 작가 중 하나로 꼽힌다. 그는 성공과 실패를 객관적이고 간결한 어조로 표현해내며 천재성을 발휘했다. 성취와 패배 사이의 회색지대에 있는 보잘것없는 인물들을 주로 그린 그의 작품은 릴케, 앙드레 지드, 필리프 수포, 사무엘 베케트, 존 애시버리John Ashbery, 페터 한트케 등 여러 작가에게 영감을 주었다.

『마음과 얼굴』의 주인공 앙드레 푸아투는 지극히 평범한 사업가로 평생 성실하게 일하며 착실하게 성공의 사다리를 올라간 인물이다. 그런데 그가 은퇴할 무렵 프랑스 최고 권위의 레지옹도뇌르 훈장을 받게 된다. 그런 훈장을 받는 것은 당연히 이 정직한 부르주아의 삶에 있어서 가장 큰 사건이라 할 수 있었다. 그를 축하하기 위한 호화로운 연회가 마련되지만 거기서 그의 존재감은 미미하기만 하다. 연회에 초대된 손님들은 거들먹거리는 태도로 자신의 이야기만을 늘어놓는다. 아무도 주인공의 영광스러운 순간에는 주목하지 않는다.

그는 이 소설에서 단 한 번도 상호적 순간을 경험하지 못한다. 다시 말해, 어떤 이들이 '스스럼없는 관계', '함께 추는 춤'이라 규정하는 상호 교류를 바탕으로 한 인간관계를 그는 단 한 번도 경험하지 못한다.[4] 분명 삶을 변화시킬 수 있는 친밀한 관계, 말하자면 주체의 경계를 허물어뜨릴 수 있는 우호적 관계를 말이다. 그러나 그는 뛰어난 직관력 덕분에 이 성대한 연회에서 자신이 소외되고 있다는 것을 깨닫게 되고, '그만하면 괜찮다'는 마음에서 아름다움과 자부심을 발견한다. 바로 그 순간, 앙드레 푸아투는 성대한 연회의 주인공임에도 불구하고, 아니 그런 주인공이 된

탓에 자신이 철저하게 혼자라는 확신에 휩싸인다. 그는 이런 소외를 담담히 받아들일 뿐 아니라 극단까지 몰고 간다. 그는 관찰자가 된다. 그리고 명예와 상관없이 그저 자신이 하고 있는 일에 만족하고 있다는 사실을 깨닫는다. 그는 사회적 성취보다는 개인적인 것, 즉 자신의 힘으로 자신을 위해 탁월함에 도달했다는 자기만족적 기쁨에 더 큰 의미를 둔다. 그래서 그는 자리에서 일어나 손님들을 향해 이렇게 말한다.

여러분, 진심으로 감사합니다. 저는 여러분 모두가 저에게 가까이 와주시기를 마음속으로 바랐습니다. 친구처럼 이야기를 나누고 싶어서요. 그런데 이제 조금 불편한 마음이 듭니다. 여러분은 저를 위해서 이 자리에 모이셨죠. 그렇지만 저는 아무에게도 관심받지 않는 편이 더 나았을 수도 있겠다 싶어요. 글쎄, 잘 모르겠네요.[5]

서툴게 더듬거리는 푸아투의 눌변은 그런 자리에서 응당 기대되는 당당하고 유창한 웅변과 완전히 대비된다. 그의 말 사이에 있는 공백들은 말들이 넘쳐나는 세상과 대조를 이룬다. 푸아투는 훈장을 받는 일은 친교와 아무 상관이 없다는 것을 깨달는다. 그렇지만 괘념치 않는다. 기대가 없으면 실망도 없는 법이다.

이 소설에 특히 주목한 이유는 성공을 하고도 타인의 인정을 바라지 않는 주인공 때문이다. 하층 계급 출신의 주인공이 레지옹 도뇌르 훈장을 받는 것도, 그가 자신의 성공에 스스로 만족하며 타인의 인정을 바라지 않는 것도 무척 흥미롭게 느껴졌다. 에마뉘엘 보브는 섬세한 필치로 평범함과 특별함의 경계를 흐릿하게 만든다. 화려한 연회에서 주인공이 뒷전이 되는 경우를 우리는 흔히 볼 수 있다. 그에게 훈장이 수여될 때, 사람들이 그의 생애에 경의를 표할 때 당사자가 그 순간을 어떻게 경험하는지에 대해 우리가 무엇을 알 수 있겠는가. 그의 성공은 그의 본질에 얼마나 영향을 미쳤을까? 이 소설을 읽는 독자들을 제외하고, 그 순간 푸아투가 겸손과 자부심, 참여와 소외 사이에서 중용에 가까운 균형에 도달해 있었다는 사실을 아는 사람은 아무도 없다.

보브는 '무엇이 더 중요한가'에 의문을 던지면서 마침내 중요한 것과 하찮은 것에 대한 우리의 고정관념을 전복한다. 그는 평범함과 특별함 사이에서 균형을 잡고, 영광의 순간에도 보잘것없던 예전의 자신으로 여전히 남아 있을 수 있는 평범한 사람들에게 경의를 표한다.[6] 소위 푸아투의 친구라는 사람들은 부족한 사회성 뒤에 감춰진 그의 진짜 모습을 보지 못한다. 그의 소심함은 그들에게 우월감을 느끼게 해준다. 푸아투의 자신감 없는 모습에 그들은 손쉽게 지적으로도 사회적으로도 그에게 평범하다는 꼬리표를 붙이고, 그를 통해 왠지 모를 안도감을 느낀다. 그들은 예상되는 사회적 약속대로 행동하지 않는 푸아투의 특별한 감수성을 알아보지 못하고, 보브는 그런 그들의 몰지각한 태도를 꼬집는다. 보브는 이야기의 속도를 조절하며 우리가 타인을 어떻게 관찰하고 판단하는지를 강조하는 구절들을 느린 속도로 풀어 나간다.

프랑스 철학자 상드라 로지에Sandra Laugier는 한 사람의 가장 중요한 품성(도덕성, 용기, 정직성 등)은 대여섯 개의 단어로 환원될 수밖에 없다고 설명한다. 한 사람의 복잡성을 설명하는 데 있어 '착하다', '잘한다', '진실하다', '정의롭다'와 같이 흔하고 진부한 표현에만 의존한다면, 그의 도덕성이나 내면에 대해 무엇을 얼마나 알 수 있겠는가. 그런 관점에서 에마뉘엘 보브는 우리의 관심을 가장 특별한 것에서 가장 평범한 것으로 돌리면서, 중요한 것이 무엇인지에 대한 우리의 '고정관념'을 깨뜨려준 탁월한 작가라 할 수 있다.

실제로 푸아투는 주변 사람들의 무관심과 졸렬한 시기심을 눈치 채지 못하지만, 작가는 그의 겸손한 태도와 스스로에 대한 만족이 그 자체로 목적이 되고 그것이 흔치 않은 재능이라는 것을 강조한다. 그렇게 푸아투는 자신만이 들을 수 있는 음악을 만들어내고, 보브는 그 음악을 독자들과 함께 듣는다. 다른 이들의 귀에 그 음악이 거슬리고 불편하게 들린다 해도, 그것은 중요하지 않다.

대수롭지 않은 삶을 조명하는 것이 문학의 역할이다. 소설은 존재와 무존재 사이에 놓인 경계 위에 무엇이 서 있는지 우리에게 가르쳐준다. 익명이나 가명으로 글을 쓴 여성들을 향한 버지니아 울프의 그 유명한 문장("작자 미상으로 나온 수많은 시를 쓴 익명의 작가들 중 꽤 많은 수가 여성일 것이다")[7]은 여성이 아닌 평범한 사람들로 치환되어 보다 보편적으로 적용될 수 있다. 그렇다면 우리는 어떤 유산을 남겨야 할까? 평범함을 바라보는 우리의 독특한 세계관에 누가 관심을 가져줄까?

타인의 가치를
속단하지
않기 위한
공감적
상상력

사람을 성급하게
판단하지 않기

•

    좋은 삶에 대한 개념을 확장하기 위해 학생들과 한 토론과 그들이 했던 제안들을 되돌아보면, 인간에 대한 지평을 넓혀준 프랑스 철학자 에마뉘엘 레비나스에게 감사를 전하고 싶다. 레비나스는 타인을 열등한 존재로 판단하는 행위를 비판하고 성급한 판단을 경계했다. 그는 타인에 대한 섣부른 판단은 복잡한 윤리적 책임을 회피하기 위한 안일한 선택이라고 주장했다. 레비나스는 우리가 타인을 섣불리 판단할 때, 타인은 통제되기 쉽고 우리가 책임감을 느끼지 않아도 되는 평면적인 인물로 전락한다고 지적했다.

말로써 타자에게 다가가는 것, 그것은 어떤 사유가 가져다준 관념을 줄곧 압도하는 표정을 받아들이는 것이다. 따라서 그것은 나의 능력 밖에 있는 타자를 '수용하는 것'이다. 그리고 그것은 정확히 타자에 대해 무한의 관념을 가지는 것을 의미한다.[1]

'다가가다', '압도하다', '수용하다'라는 동사에 주목해보자. 레비나스는 차이의 경계를 넘나들며, 우리 눈에 띄지 않는 사람들만큼이나 우리를 구별 짓는 것에도 큰 관심을 가졌다. 인간과 인간이 참다운 교류를 하려면 상대방을 깎아내리려는 마음을 자제해야 한다. 레비나스의 철학에는 불교 사상이 깃들어 있다. 특히 그는 언제나 타인의 우위에 서고자 하는 자아, 타인과 비교하려고 하는 자아를 초월해야 한다고 강조했다. 또 타자는 나와 비슷한 사람이 아니라 고유한 주체이며,[2] 차이는 창의력을 만들어낸다고 말했다. 그는 자신의 필요에 따라 세상을 통제하려 하지 않고 그저 있는 그대로 세상을 관찰하는 공간을 발견하는 사람을 이상적이라고 여겼다. 그런 '감수성의 공간'을 경이로움과 멈춤의 장소라고 규정했다.[3]

그러나 이런 시각은 쉽사리 회의론을 부추긴다. 대체 어떤 이상적인 세상에서 나의 차이점은 제쳐둔 채 중립을 지키고 상대의 경이로움을 느끼면서 적대적 입장을 수용할 수 있겠는가. 나는 정말로 그렇게까지 관용을 베풀 수 있을까? 나의 두려움, 슬픔, 희망을 타인에게 내보이지 않는다면, 나의 사회적 관계는 어떻게 될까? 따분하고 무미건조하지 않을까? 어쨌든 레비나스는 모든 인간이 타인을 위해 멈춰 서서 그의 말에 귀 기울일 줄 알아야 한다고 주장했다.

그것은 세상 만물을 곧이곧대로 받아들이는 것이 아니라 너무 성급하게 확정되는 이미지에 기초한 세상에 반기를 드는 것이다. 그래서 레비나스에게는 일상조차 끊임없는 재창조의 공간이었다. 그는 가장 평범한 형태의 상호작용까지 무한한 것에 대한 초월로 이어질 수 있다고 강조했다. 레비나스는 우리가 그런 상호작용에 뛰어들어 자아와 단절되고 타자와 합일되는 지점에 도달하면, 비로소 자신에게서 탈피할 수 있다는 희망을 품고 있었다. 또한 박애정신에 바탕을 둔 이런 초월은 타인에 대한 무관심에서 벗어나게 하는 연대로 이어진다고 말했다.[4]

그러나 법의 심판대에서는 이런 암묵적 합의가 종종 위반되곤 한다. 레비나스는 이사야서 11장 3장을 인용하면서 "자기 눈에 보이는 대로 판결하지 않고, 자기 귀에 들리는 대로 심판해서는 안 된다"라고 강조했다. 그럼에도 우리는 지금껏 겉모습이나 말에 속아 정작 인간을 뒷전으로 밀려나게 했다.

> 일단 어떤 것이 한 번 판단되면, 나는 그것의 특별한 면모를 발견해야 한다. 매번 새롭게, 매번 살아 있는 사람처럼, 유일한 사람처럼, 그의 유일성에서 보통의 생각으로는 발견할 수 없는 것을 발견할 수 있어야 한다.[5]

레비나스는 각자를 특별하게 해주는 것을 매우 세심하게 재발견할 수 있어야 한다고 강조했다. 그는 타인에 대한 가혹한 비판은 사형 선고와 같은 것이므로 타인을 억압하려는 마음을 경계해야 한다고 말했다. 우리는 성급한 판단을 내리면서 유효한 도덕적 약속을 파기하는 한편, 대화의 가능성을 배제하고 비인격적인 판결로 타인과의 대면을 회피하려 든다. 레비나스는 인간에게 무한한 구원의 힘이 있다고 믿었고, 그의 이런 믿음은 평범하고 그만하면 괜찮다는 마음을 갖도록 북돋아주지만, 그럼에도 질문 하나가 머릿속을 떠나지 않는다. 갈등 없는 세상이 과연 가능할까? 우리는 자신을 완전히 초탈해 타자에게 무조건 순응하는 무기력한 좀비처럼 살아갈 수 있을까?

레비나스가 말한 것처럼 각자에게 잠재된 변화의 가능성이나 그만의 특성을 올바르게 바라보는 것이 우리의 의무라면, 과거에 우리가 느꼈던 수치심은 훌훌 털어버리고 모욕과 수모를 당해도 참아야 하는 것일까? 적에게서 친구를 재발견할 수 있어야 한다면, 행동에 나서고 입장을 정해야 할 때도 한발 물러나서 참고 순응해야 하는 것일까? 그는 왜 불의의 행동을 한 사람을 비난해서는 안 된다고 했을까? 또한 이 책의 주제와 관련해서 그가 말한 끝없는 용서의 윤리를 고찰해볼 때, 그만하면 괜찮은 삶이란 지나치게 속박되어 있고 소극적인 삶이 아닐까?

레비나스는 용서에는 치유의 힘이 있다고 했다. 그는 용서란 과거에 영향을 미쳐 "어떤 방식으로든 그 사건을 반복하여 정화시킨다"라고 설명했다.[6] 그러나 이런 대면이 우리에게 큰 충격을 줄 수 있다면, 용서를 위해 그 사건을 다시 반복하고 경험할 필요가 있을까? 왜 용서의 책임이 우리에게 있는 것일까? 우리에게 고통을 준 사람, 아니면 우리에게 관심을 주지 않는 사람에게 우리가 어떻게 호의를 베풀 수 있을까? 레비나스는 무슨 근거로 우리가 타인에게 관용과 배려를 베풀 수 있다고 생각한 걸까?

앞서 언급한 우리의 약점에 대한 세넷의 주장과 같은 맥락에서, 레비나스는 인간의 보편적 무력함 속에 일종의 구멍, 틈이 있다고 보았고 우리의 자비만이 그 틈을 메울 수 있다고 했다. 강렬하고 본능적인 감정을 억제해야 한다는 것이 아니라, 특정한 사건(누군가에게 상처받고 모욕을 당하는 일)에서 보편적인 결론(저 사람이 속한 집단은 다 저런 식이다, 저 사람은 이런저런 치명적인 단점이 있다, 저 사람은 형편없다, 또는 자만심에 빠져 있다 등)을 내리려는 태도를 경계해야 한다는 것이다. 실상 연인들이 이별할 때처럼 상대의 모든 것과 관계 전체를 부정하는 편이 훨씬 쉬울지도 모른다. 복잡한 전체를 한 부분으로 단순화하면 미련 없이 과거를 잊는 일은 훨씬 편리할 테니 말이다.

그러나 한 존재 전체를 고착화하여 그 사람의 다양성을 고려하지 않는 우리의 태도 때문에, 우리는 그의 가장 내밀하고 본질적인 특성을 쉽사리 놓치고 만다. 그렇기 때문에 레비나스의 고유성에 대한 옹호, 모든 형태의 일반화에 대한 불신은 무엇보다도 한 인간의 다양한 면면이 하나의 단편적인 모습으로 환원될 수 없다는 점을 상기시켜준다. 따라서 레비나스의 주장은 용서할 수 없는 것을 용서해야 한다는 것이 아니라, 친구든 적이든 그 누구라도 인정욕구나 복수심을 가지고 혹은 재미 삼아 그들을 섣불리 판단해서는 안 된다는 데 방점이 찍힌다. 누군가를 별 볼 일 없는 사람이라고 성급하게 판단하는 것은 심각한 운명론적 태도다. 그런 식으로 우리는 우리만의 방어 진지에 그를 끌어들인다.

성공과 완벽주의는 실과 바늘처럼 붙어 있다. 우리가 누군가를 충분히 훌륭하지 않다고 평가하며 무시하는 이유는 우리 자신에 대해 충분히 만족하지 못하기 때문이다. 우리가 자신의 성공에 신경 쓰지 않는다면, 다른 사람의 성공에도 크게 관심을 두지 않을 것이다. 얼마나 많은 이들이 완벽주의의 환상 속에서 자신의 삶에 실망하거나, 심지어 진짜 실패로 여기면서 괴로워하는가. 철학자 이도 란다우는 의미 있는 삶이 완벽주의를 전제로 한다는 그릇된 믿음에 반기를 들었다.

많은 사람들이 자신은 완벽하게 올바르지 않고, 동료들의 압박에도 완벽하게 무감하지 않으며, 완벽하게 성실하지도 않고, 이기적인 동기에서 완벽하게 벗어나지 못하며, 완벽하게 용감하지도 않다고 주장한다. 또 어떤 사람들은 자신이 성공한 원인이 실력이 아닌 운이라고 말하는가 하면, 자신의 성취는 처칠, 테레사 수녀, 아인슈타인 또는 레오나르도 다 빈치의 그것에 미치지 못한다며 자신의 무능력을 한탄한다.[7]

불안정한 자아상은 성공과 실패를 대하는 극단적인 태도에서 기인한다. 당당한 성취에 빛나는 완벽한 삶을 살거나, 인정받지 못한 채 외면당하는 존재가 되거나, 삶이란 이 둘 중 하나라고 생각하는 것이다. 란다우는 기억과 망각 사이의 경계가 대개 "전혀 의미 없는 극단에 아주 가까이 있거나, 매우 중요한 극단에 아주 가까이 있다"라고 설명했다.[8]

완벽주의자들이 "완벽하지 않은 것에도 존재하는 가치"를 보지 못한다고 비판한 란다우의 말은 옳다. 겸양은 타인뿐 아니라 나 자신에게도 이로운 미덕이다. 이런 사상은 러시아 작가 바실리 그로스만Vasily Grossman의 소설 『삶과 운명』에 고스란히 담겨 있다. 영웅심이라고는 없으며 추상적 관념을 거부하는 이코니코프라는 인물을 살펴보기만 해도 우리는 그가 소설에서 말하고자 하는 바를 단박에 알 수 있다. 본보기가 되는 그의 삶은 '선'이라는 대단한 관념이 아닌 사소한 친절에 바탕을 두고 있다.

그토록 엄청나고 대단한 그 일과 상관없이, 매일의 삶에는 사람들의 친절이 존재한다. 길가에서 중노동을 하는 죄인에게 빵 한 조각을 나눠 주는 노파의 친절, 부상을 입은 적에게 수통을 건네는 병사의 친절, 노인을 측은히 여기는 젊은이의 친절, 유대인 영감을 헛간에 숨겨주는 농부의 친절이다. 또한 자신의 자유를 담보로 수감자들의 편지를 그 아내와 어머니에게 전달해주는 교도관들의 친절이다. 특정한 개인을 향하는 것이 아닌 이런 친절은 이념과 관계없는 소박하고 소소한, 의도가 없는 친절이다. 종교적 또는 사회적 가치와 관계없는 사람들의 친절이다.[9]

레비나스와 마찬가지로 그로스만은 '좋음', '우월함', '충분하지 않음'의 추상적 개념을 거부한다. 이코니코프의 사소한 친절이 완벽한 예시다. 그의 친절은 전혀 특별할 것이 없으며, 언뜻 보기에는 무심하고 충동적이기까지 한 사소한 행위다. 누구도 눈치채지 못하는 그의 친절은 타인에 대한 관심과 연대라는 개인적 실천에서 비롯된다. 그는 어떤 불변의 신념을 가지고 행동하는 것이 아니다. 게다가 자신의 공감적 태도를 드러내려 하지도 않는다. 그로스만은 그의 친절을 "매일의 삶에 존재하는 친절"이라고 표현했는데, 흔한 친절 또는 사소한 친절로 이해될 수 있는 그의 친절은 결코 하찮지 않다. 그로스만은 이 작품을 쓸 때 안톤 체호프의 소설『지루한 이야기』에서 깊은 영감을 받았다.

'대수롭지 않고 평범한' 인물 대부분은 부수적인 역할을 하는 것처럼 보이지만, 그들은 실상 이야기를 유기적으로 만들어주는 보이지 않는 접착제로서 작품 전체에 깊이감과 양감을 더해준다. 우리가 주목할 점은 그들이 겉보기에 대단치 않은 인물이라는 것이 아니라, 앞서 언급된 흔한 친절의 표상이라는 점이다. 그로스만은 우월함과 열등함을 구분하지 않으려 했다. 우리의 직업, 국적, 종교가 무엇이든 간에 우리가 사람이라는 사실이 그에게는 가장 중요했다.

> 체호프는 중요한 것은 사람이고, 그가 주교인지, 러시아인인지, 상점 주인인지, 타타르인인지, 노동자인지는 그다음 문제라고 말한다. 납득이 되는가? 사람은 선하거나 악할 뿐이지 타타르인인지, 우크라이나인인지, 노동자인지, 주교인지는 중요하지 않다. 사람은 사람이기 때문에 평등하다. (중략)
>
> 사람이 먼저다. 선해지자. 그가 누구이건 사람에게 관심을 기울이

자. 그가 주교인지, 농민인지, 백만장자 사업가인지, 사할린의 강제 노역자인지, 식당의 종업원인지는 중요하지 않다. 먼저 사람을 사랑하고 존중하고 연민을 갖자. 그렇지 않으면 어떤 것도 우리에게 소용없을 것이다. 그것이 바로 민주주의, 러시아 국민의 민주주의, 아직 빛을 보지 못한 민주주의라 불리는 것이리라.[10]

이 구절은 지극히 인간적이다. 우리는 여기서 직업을 바라보는 그로스만의 평등한 시선뿐만 아니라 역할과 지위에 상관없이 타인을 배려해야 한다는 그의 신념을 엿볼 수 있다. 우리는 자신에게 아무 쓸모가 없는 사람과 함께 있는 것을 왜 그렇게 꺼릴까? 어떻게 해야 성급한 판단을 자제하고 대단치 않아 보이는 사람들에게 관심을 가질 수 있을까? 그로스만 역시 레비나스처럼 타인의 대한 판단을 유보할 수 있어야 한다고 말한다. 그들은 성급한 판단을 삼가고 타인의 고통과 개개의 욕구를 포용할 수 있어야 한다고 강조한다. 레비나스 사상에 대한 이런 분석은 그로스만의 작품을 관통하는 개별적 존재에 대한 존중으로 나타난다.

타자의 얼굴을 마주하는 것은 시각 행위가 아니다. 그것은 인식이나 판단에 속해 있는 행위도 아니다. 내 앞에 있는 것은 타인의 욕구, 고통, 상실이지만, 당장에는 아무것도 보이지 않기 때문에 나는 그것들을 보지 못한다. 나는 느끼고 반응한다. 나는 고통을 느끼고, 베풀거나 베풀지 않는다. (중략) 타자에 대한 나의 느낌, 나의 반응, 그리고 나의 인정, 즉 타자에 대한 나의 배려와 수용은 모두 하나다.[11]

레비나스는 무의식적인 반응을 삼가고 타인에게 자비심을 베풀 수 있어야 한다고 강조한다. 그것은 하나의 과정이다. 우선 즉시 판단할 수 없는 무언가를 지각한다. 다음으로 우리는 거기에 어떤 연관성이 있을 수 있음을 인식한다. 마지막으로 매우 인간적이지만 쉽게 해독할 수 없는 무언가가 거기에 있음을 받아들인다. 이런 과정은 본능적이고 무의식적인 반응에서 기인하는 우리의 성급한 판단을 자제시킨다.

레비나스는 인간다움을 지키기 위해서는 타인에게 귀를 기울이고, 말하기보다는 듣고, 판단하기보다는 관찰해야 한다고 역설했다. 이것이 바로 '공감적 상상력', 즉 '사람의 마음과 대상 자체의 현실을 꿰뚫는 시각'에서 시작되는 관대한 시선이다.[12] 시인

샤프츠베리가 쓴 것처럼, "인간 내면의 형태와 구조"를 상상하기 위해서는 타자에 대해 감탄할 수 있어야 한다. 설사 우리에게 그런 감수성이 있다 해도, 그것은 생물이든 무생물이든 타자의 삶에 우리 자신을 투영하고 그 과정에서 우리가 가진 권위를 포기할 때만 효과를 발휘한다. 그래서 샤프츠베리는 한 서신에 이렇게 썼다. "참새 한 마리가 내 방 창문 앞으로 오면, 나 역시 참새가 되어 부리로 잔돌을 콕콕 찍어보려 하네."[13] 평범하고 그만하면 괜찮다는 마음을 구하는 이들은 참새를 보며 기꺼이 잔돌을 쫄 수 있는 사람들이다.

　레비나스가 우리의 공감적 상상력을 일깨우고 북돋는 데 헌신한 이유는 그런 감수성이 없다면 우리가 우리와 같지 않은 사람들, 즉 우리 자신도 모르게 평범하다는 이유로 배제하는 이들을 성급하게 판단할 수 있다고 생각해서였다. 누구에게라도 쓸 수 있는 '평범하다'는 말은 타인을 열등하다고 판단하면서 자신은 우월감을 느끼려는 지나치게 성의 없는 표현이다. 상대를 깎아내리는 이 꼬리표는 레비나스가 타자를 대면할 때 존중해야 한다고 말한 그 사람의 드러나지 않은 신비를 파괴해버린다. 그러면 현실적으로 이런 성급한 판단을 자제하려면 어떻게 해야 할까? 타인과 나 자신에게 나의 정체성을 드러내는 도구로서 평가와 판단을 이용할 순 없는 걸까? 아니면 험담이나 수다처럼 한 집단의 구성원을 파악하고 그곳의 분위기를 살피는 도구로 사용할 순 없는 걸까?

레비나스는 타인과의 관계는 까다롭고 강렬하며 복잡해야 하며, 앞서 언급한 것과 같은 고정관념에서 벗어나야 한다고 주장했다. 누군가를 처음 만날 때 그의 지위나 옷차림, 출신, 명성을 따지지 않고 있는 그대로 그를 받아들일 수 있을까? 타인에 대해 성급하게 판단하지 않고 그의 겉모습이 아닌 특별한 내면을 보려면 어떻게 해야 할까? 철학자 데이비드 흄에 따르면, 인상은 "가장 강력하고 폭력적으로 들어오는 인식"이다. 그렇게 폭력적인 판단을 차단할 수 있는 방법이 있을까? 우리의 뇌세포는 공간을 인지할 때 뇌 지도라는 것을 따라간다. 그런데 이것은 우리가 바라보는 이미지를 왜곡한다. 이에 대해 신경과학자 레베카 슈바르즐로세Rebecca Schwarzlose는 루브르 박물관에서 「모나리자」를 보는 관람객들이 「모나리자」를 인지하는 방식을 예로 들어 설명했다.

얼굴의 특성은 사람의 정체성과 감정에 관련된 중요한 정보를 전달하기 때문에「모나리자」를 처음 볼 때 우리는 코와 입술을 실제보다 더 크게 인지한다. 그러면 우리의 뇌는 이런 확대 효과를 상쇄하여 고개를 돌릴 때마다 대상이 커졌다가 작아지는 듯한 느낌을 받지 않도록 한다. 이 모든 일은 순식간에 일어난다. 과학자들은 여러 뇌병변 환자를 관찰하면서 이미지 처리에 반드시 필요한 특정 뇌 지도가 있다는 사실을 발견했다.[14]

완전히 같다고 할 수는 없지만, 나 역시 일상적인 상호 관계에서 보정, 확대, 축소라는 동일한 경로로 타인을 인식한다. 그림으로 그려진 초상화 속 얼굴도 이렇게 왜곡하는 우리의 뇌가 실제 인간의 얼굴을, 하물며 사람의 특성이나 개성을 왜곡하지 않을 수 있겠는가.

내가 모나리자의 얼굴을 인식하는 방식은 나와 레오나르도 다 빈치 간의 일이다. 그러나 내가 타인의 특성을 평가하는 방식, 즉 내가 누군가를 향해 훌륭하다거나 보잘것없다거나, 흥미롭다거나 시시하다거나, 재미있다거나 지루하다거나 하는 꼬리표를 붙이는 것은 그를 형편없는 사람으로 만들 수도 있고 그의 대외적 이미지에 악영향을 줄 수도 있다. 레비나스는 타인을 보다 관대한 시선으로 바라봐야 한다고 말한다. 성급한 판단을 자제하고 폭넓은 시각을 가지고 차가운 시선에 온기를 담아볼 것을 제안한다.

> 날이 갈수록 이성이 득세하는 이 세상은 사람이 살 수 없는 곳이다. 이 세상은 헐벗은 자들을 입히지도 못하고, 굶주린 자들을 먹이지도 못하는, 말하자면 우리의 욕구를 채워줄 수 없는 상품들이 가득 쌓인 황폐하고 차가운 창고와 같다. 또한 이 세상은 제작된 물건들이 추상적으로 여겨지고, 숫자로 전락해 실체 없는 경제 순환에 휩쓸린 진리가 참된 것으로 여겨지는 공장이나 산업 도시의 격납고처럼 비인격적이다.[15]

이 세상을 사람이 살 수 없는 곳으로 만드는 것은 살아 있는 존재를 대할 때 비인격적인 수식어로 그 존재를 평가하는 우리의 태도다. 우리는 한 사람의 바탕이 되는 수많은 면면들을 관찰하기보다 '숫자로 된 진실'을 대강 훑어보고 선입견에 따라 쉽게 판단한다. 장인 정신에 관한 세넷의 탐구와 같은 맥락에서, 레비나스는 끊임없이 변화하고 고정되어 있지 않은 것을 사유할 수 있어야 한다고 강조한다. 세넷처럼 레비나스 역시 타인과의 소통은 기적에 가까운 생각의 변화를 이끌어내는 느리고 더딘 과정이라고 말한다. 제작되는 과정에 있는 사물을 관찰할 때처럼, 타인의 얼굴을 찬찬히 바라보는 것은 판단을 유보하는 데 효과적인 훈련이 될 수 있다.

버지니아 울프의 집안 살림을 도와주었던 루이 메이어는 울프가 빵을 만드는 것에 완전히 몰입해 있었다며 이렇게 회상했다. "울프 부인이 부엌에서 제일 잘했던 일은 빵 만드는 일이었어요. 부인은 이스트와 밀가루를 적당히 섞어 반죽을 만들고 정성스레 빵 모양을 잡았지요. 아침나절이면 서너 번씩 빵을 만들려고 부엌에 들어오곤 했어요."[16] 울프는 자신의 글에 대해서는 자신 없어 했지만, 빵 만드는 솜씨에 대해서만큼은 자부심이 대단했다. 울프는 즉각적인 결과를 얻을 수 있고 글쓰기와 전혀 상관없는 일에서 긍지를 느꼈으며, 불가사의한 물질세계조차 상호성을 기반으로 한다는 사실을 깨달았다. 아직 분명하지 않거나 아직 피어나는 과정에 있는 것에 인내심을 가지고 관심을 기울인다면, 타인과의 관계에 얼마나 많은 변화가 일어나겠는가. 울프에게 빵의 발효 상태를 확인하는 일은 그저 자부심을 느끼기 위한 행동이 아니라 섣부른 판단을 하지 않기 위한 실질적인 훈련과 다르지 않았다.

삶은 돌연한 사건과 우연한 만남의 연속으로,
우리는 훗날 돌아볼 때에야
비로소 그 모든 일들이 특별했음을 깨닫는다.

탁월함과 평범함 사이의
경계 허물기

●

우리는 대개 타인의 가치를 속단하곤 한다. 그도 그럴 것이 타인이 실제로 성취한 것들을 배제하고 어떻게 그를 평가할 수 있겠는가. 타인을 평가하는 올바른 방법이 존재하기는 할까? 가치란 무엇이고, 또 어디에 있는 것인지 어떻게 알 수 있을까? 타인을 판단하고 구분하는 우리의 태도를 돌아보려면 우리에게 없는 자기성찰 능력이 필요하지 않을까? 타인을 구분하려는 태도는 상상력의 부족에서 비롯된 것이 아닐까? 예술이 없다면, 우리는 하찮게 여겨지는 것들의 중요성을 인식할 수 있을까?

독일 문학의 거장으로 꼽히는 극작가 게오르크 뷔히너는 탁월함과 평범함, 아름다움과 추함을 구분하지 않는 예술의 형태, 더 나아가 그런 삶의 형태가 필요하다고 했다. 그러나 예술의 영역에서도 그토록 실현하기 어려운 가치를 삶 속에서 실현하기란 요원해 보인다. 연민을 가지고 모든 이를 공정하게 대해야 한다는 뷔히너의 신념에 공감한다 해도, 편견과 편협함을 뛰어넘어 각자의 진정한 본질을 들여다보려면 어떻게 해야 할까? 뷔히너는 그 해답을 이렇게 제시했다. "지나치게 보잘것없는 사람도, 지나치게 추한 사람도 없다는 사실을 인정해야 한다. 그래야만 우리는 타인을 이해할 수 있다." 그의 작품 『렌츠Lenz』에서 발췌한 이 구절에는 본래 등한시했던 것에 관심을 가지려면 아름다움의 지평을 확장해야 한다는 그의 신조가 담겨 있다.

　누군가의 본질을 들여다보기 위해 기꺼이 시간을 할애할 것인지를 결정하기 전에, 우리에게는 타인을 우리 삶의 일부로 여겨야 하는 윤리적 책임이 있다는 것을 잊어서는 안 된다. 뷔히너는 우리에게 섣부른 판단을 하지 않을 힘이 있다고 믿었다. 그리고 이렇게 반문한다. 우리가 누군가를 추하고 하찮다고 성급히 판단할 수 있는 이유는 그를 단편적으로만 파악하기 때문이 아닐까 하고 말이다.

타인을 성급하게 단정 짓는 태도를 버리는 것은 관용을 향한 첫걸음이다. 레비나스는 그저 자신과 다르다거나 자신에게 쓸모없다는 이유로 타인을 무시하고 함부로 대하는 태도를 버릴 방법을 제시했다. 우리는 어떠한 존재의 단면만을 보기 때문에 그 나머지는 생명이 없는 일종의 추상적 관념으로 치부하곤 한다. 그러면 우리가 타인을 외면하는 상황과 반대되는 상황에 놓였다고 생각해보자. 우리가 유명인이나 카리스마 넘치는 사람, 감동을 주고 싶은 사람, 우리에게 쓸모가 있는 사람을 만났다고 상상하는 것이다. 아마도 이 '특별한' 사람을 우리가 평범한 사람이라 치부했던 추상적 존재와는 완전히 다르게 대할 것이다.

우리는 잘 보일 필요가 없는 사람들을 외면하는 기술에 있어서만큼은 전문가다. 뷔히너 역시 레비나스와 마찬가지로 보잘것없다고 여기는 타인을 배척해서는 안 된다고 강조했다. 외면당한 사람들에게 관심을 기울이고, 겉으로 보이는 게 전부가 아니라는 사실을 깨닫게 하는 것이 그들의 사명이었다. 뷔히너와 레비나스 모두 어리석음과 지혜, 약함과 강함을 섣불리 단정 지어서는 안 된다는 신념을 갖고 있었다. 그들은 아마도 코린토 신자들에게 보낸 첫째 서간의 이 구절에 큰 감명을 받지 않았을까?

그런데 하느님께서는 지혜로운 자들을 부끄럽게 하시려고 이 세상의 어리석은 것을 선택하셨습니다. 그리고 강한 것을 부끄럽게 하시려고 이 세상의 약한 것을 선택하셨습니다. 하느님께서는 있는 것을 무력하게 만드시려고, 이 세상의 비천한 것과 천대받는 것, 곧 없는 것을 선택하셨습니다.[17]

크게 지혜로운 사람이 오히려 어리석어 보인다는 고전적 명제는 '보잘것없는 것'과 '뛰어난 것' 사이의 역전된 가치를 강조한다. 이런 논리적 모순은 어떤 대상에 차이를 두고 구별하는 행위가 얼마나 헛된 것인지를 보여준다. 가장 보잘것없다고 구분된 사람들은 존재해도 눈에 띄지 않는 사람들로, 그들은 이런 구별 짓기에 문제를 제기하고 자신이 처해 있는 영역의 경계를 모호하게 만든다.

문학을 통해 우리는 어리석어 보이지만 실상은 지혜로운 사람, 즉 헛된 것과 참된 것을 구별할 수 있게 해주는 인물들을 흔히 접할 수 있다. 하지만 실제 삶에서 그런 인물을 만나기란 쉽지 않다. 타인의 내면을 완벽하게 번역해주는 도구가 없다면, 당황하고 혼란스러운 채로 있는 것이 우리의 섣부른 판단과 절대적 확신을 멈출 최선의 방법이다.

최소한 우리는 타인에게 숨겨진 무한한 가능성의 아주 작은 단편만 볼 수 있을 뿐이라는 사실을 인식해야 한다.[18] 이 진리를 이해하는 가장 쉬운 방법은 우리가 경험한 온갖 기쁨과 고통, 제대로 이해했든 아니든 우리가 읽은 모든 책, 우리의 사랑과 증오 등이 가장 단순하게 양극단으로 구분된다고 상상하는 것이다. 나와 나의 본질 사이에 이분법적 판단이 그렇게 쉽게 개입된다고 생각하면 정말 씁쓸하지 않겠는가. 나를 바라보는 관찰자가 나라는 사람이 겉으로 보이는 것보다 훨씬 더 뛰어난 사람이라는 것을 인정해준다면 얼마나 좋겠는가. 인정받지 못하는 느낌은 우리를 고통스럽게 하고 움츠러들게 한다. 그런 타인의 시선은 우리를 소외시키고 좌절하게 한다. 그럴 때 아무렇지 않은 척, 의연한 척하면 속마음을 감출 수는 있겠지만, 결국 우리는 우리 자신뿐 아니라 타인과도 멀어지게 된다.

우리가 누군가를 열등한 사람으로 취급하면서 그를 소외시키는 순간, 그는 아마도 그 모욕을 평생 잊지 못할 것이다. 타인의 멸시는 가차 없이 우리를 무력하고 하찮은 존재로 만든다. 무시당한다는 느낌이 들 때면 나는 내가 보기에도 우울하고 무기력해진다. 그러나 나 역시 누군가를 별 볼 일 없는 존재로 만들 수 있다. 나의 신체 언어는 의식적이든 아니든 속물스럽고 거만해 보일 수 있다. 말투나 어깨를 으쓱하는 몸짓은 때로 미세한 균열도 뛰어넘을 수 없는 단절로 만들어버릴 수도 있다. 자만심과 소심함에 갇힌 나는 타인이 나를 무시하기 전에 내가 먼저 그를 무시할 수도 있다. 다른 많은 이들처럼, 나 역시 남과 나를 비교하며 살아간다. 이와 반대되는 태도는 다름을 경이로움으로 받아들이고 그 아름다움을 만끽하는 것이다.

누군가를 평범하다고 속단하는 것은 그를 일종의 투명인간, 별 볼 일 없는 사람으로 만들어버리는 일이다. 나는 그런 피상적인 판단을 하지 않는다고 믿고 싶지만, 나 역시 화가 치밀어서, 나도 모르게 누군가를 소외시키고 다른 사람에게 영향을 미칠 수 있는 섣부른 판단을 하는 때가 있다. 나는 그런 사람들에게 관심을 두지 않은 채, 본래부터 그들이 중요하지 않다는 듯 살아왔다. 그 덕분에 그들을 섣부르게 판단하고 구별 지을 수 있었다. 그러나 이 책을 쓰기로 한 이유를 곱씹어보면서 이제 그런 판단을 철회하고자 한다. 타인을 소외시키는 것에 대해, 즉 그들을 희생시키면서 나의 위치를 확인받으려는 끈질긴 욕구에 대해 반추하고

자 한다. 나는 지금껏 그들의 세계를 넓히려 하기는커녕 나의 좁은 세계를 지키기에만 급급했다.

완벽에의
열망을
포기하는
것에
대하여

보통 사람들의 품위

●

    '품위'라는 말에는 다양한 의미가 있다. 칸트의 윤리학에서 최소한의 품위는 생각할 수 있는 가장 작은 단위의 선행이다. 토마스 홉스에게 품위란 "행동의 품위로, 타인에게 어떻게 인사를 해야 하는지, 사람들이 보는 앞에서 어떻게 입을 닦거나 이를 쑤셔야 하는지에 대한 사소한 도덕"이다. 저명한 철학자들은 이같이 사소한 선행은 "공동체의 삶, 평화와 결속이라는 대의"와는 크게 상관이 없다고 말했다.[1] 조지 오웰이 스페인 내전에 참전할지를 두고 고민할 때처럼, 평범한 것과 위대한 것을 구분하지 않는다면 어떨까? 실제로 그를 반파시스트 진영으로 이끈 것은 품위라는 기본적이고 평범한 가치였다. 오웰은 자신의 수기에 이렇게 썼다. "왜 의용군에 입대했냐고 묻는다면, 나는 파시즘과 싸우기 위해서라고 대답했을 것이다. 또 무엇을 위해 싸우냐고 묻는다면, 공동의 품위를 위해서라고 대답했을 것이다."[2]

보통 사람들의 품위는 일상에서 흔히 볼 수 있는 행위로 하나의 '원칙'으로 주장될 수 없으며 철학적 확실성을 갖고 있지도 않다. 그것은 거창한 선언이나 대단한 이데올로기가 아니다. 철학자 브루스 베구Bruce Bégout는 "평범한 인간은 도덕적으로 행동하기 위해 특정한 권위를 따를 필요가 없으며, '공동의 품위'는 선과 악을 인식하는 본능적인 능력"이라고 말했다.[3] 그러므로 이런 능력은 이론이나 주장으로 설명할 수 없는 각자의 직관이며, 윤리적 딜레마를 마주한 각자의 반응이라 할 수 있다.

보통 사람들의 품위는 "미래에는 누구든 15분간 유명세를 누릴 것"이라고 예언한 앤디 워홀의 '15분의 유명세'와 완전히 다른 태도다. 조지 오웰은 자발적인 품위의 잠재력을 누구보다 소중히 여겼다. 그런 무의식적인 도덕심이 관대함이나 영웅심이라는 거창한 행위로 드러나는지는 중요하지 않다.

오웰은 본능적인 도덕심의 가치를 인정하지 않는 사람들

보다 자신을 드러내지 않고 친절을 행하며 살아가는 사람들을 더욱 신뢰했다. 그리고 자신과 정반대의 생각을 드러냈던 조너선 스위프트에 대해서는 이상적이지 않고 평범하기 때문에 '묘사하기가 어렵기로 정평이 난' 행복을 경시했다며 이렇게 비판했다.

그런데 스위프트에 관해 가장 본질적인 것은 그가 인생을, 말하자면 합리화하거나 미화한 인생이 아니라 땅에 엄연히 발을 딛고 사는 보통의 인생을 살 만한 것으로 만들 수 있다고 믿지 않았다는 점이다. (중략) 그런데 그는 그런 내세 같은 걸 진지하게 믿는 것 같지 않으므로, 지상에 존재하리라 생각되는 천국을 세워야만 한다. 하지만 이 천국은 우리가 아는 곳과는 사뭇 사르다. (중략) 행복에 대해 묘사하는 건 어렵기로 정평이 나 있으며, 공정하고 질서가 잘 잡힌 사회를 그려낸 이미지치고 매력적이거나 호소력이 있는 경우는 드물다.[4]

오웰은 '보통의 인생'과 이상향(지상에 존재하리라 생각되는 천국)에 대한 열망을 대립시킴으로써 사람들이 과소평가하는 미덕의 가치를 회복시키려 했다. 행복이 권태롭고 시시해 보인다면, 어떻게 행복을 묘사해야 할까? 보통 사람들의 품위는 아이러니하게도 그다지 흔하지 않기 때문에 쉽게 분류되지 않는다. 거창한 수식어 없이 묘사되는 오웰의 품위 있는 인물들은 인상주의 그림에서 볼 수 있는 모호한 측면을 갖고 있다. 말하자면 우리가 명확한 윤곽선을 찾으려 하지 않을 때, 비로소 그 짙은 농도가 드러나는 것이다. 그 인물들이 모호하게 보이는 이유는 그들이 별 볼일 없는 인물이어서가 아니라, 그들을 단순히 하나의 범주로 묶을 수 없어서다. 브루스 베구가 말한 것처럼, 오웰은 가장 열렬한 혁명가들의 "완벽한 환상보다 일상의 상대적인 불만족이 더 가치 있는 것"이라고 굳게 믿었다.[5]

우리 중 일부는 이런 영웅적 대의의 희생양이 된다. 우리의 이목을 끄는 것과 우리가 원하는 것이 비슷해 보이는 탓에, 우리는 거기에 쉽게 이끌린다. 그러나 오웰은 소박해 보이는 보통 사람들의 품위를 주저 없이 받아들인다. 그는 위태롭고 연약하며 보잘것없는 것, 즉 서로를 적대적으로 만들지 않는 모든 것을 존중했다. 반면 완벽주의는 언제나 문제의 원인이 된다고 지적했다.

인간됨의 본질은 완벽을 추구하지 않는 것이고, 때로는 신의를 위해 기꺼이 죄를 저지르는 것이며, 우애의 관계를 불가능하게 만들 정도로 금욕주의를 강요하지 않는 것이고, 결국엔 생에 패배하여 부서질 각오가 되어 있는 것이다. 이는 타인을 사랑하는 데 있어 어쩔 수 없이 치러야 하는 대가다.[6]

이 구절을 처음 읽었을 때, 나는 잠시 오웰이 나를 보고 하는 말이 아닐까 생각했다. 완벽을 추구하며 주변 사람들에게 실현 불가능한 것을 요구하는 금욕주의의 추종자는 바로 내가 아니었던가! 타인을 사랑하는 것은 완벽에의 열망을 포기하는 것이다. 하지만 오웰은 이를 결코 패배라고 보지 않았다. 보통 사람들의 품위는 완벽한 무언가가 아니라 일종의 중용이다. 이는 직관과 결단의 결과로, 과시적인 영웅주의를 단호하게 거부하는 것을 의미한다. 우리 가까이에 있는 것을 위해 싸우는 것은 불명예스러운 일이 아니다.

모든 품위 있는 삶에는 실패가 포함되어 있게 마련이다. 실제로 실패는, 아니 실패의 인정은 완벽주의가 불협화음의 아름다움을 방해하는 장애물일 뿐이라는 사실을 우리에게 일깨워준다. 실패도 타협도 없다면 우리는 완벽함을 요구하며 타인을 괴롭히고, 지붕이 무너질 수도 있다는 사실을 알지 못한 채 모래 위에 집을 지을 것이다. 무너지기 일보 직전의 위태로운 모든 것은 노력하고 성취하고 실패하는 과정에서 얻을 수 있는 소소한 무언가를, 요컨대 완벽주의라는 완고한 폭군에 반대되는 것들을 돌아보게 한다. 오웰은 그런 폭정이야말로 현란한 수사법과 이미지 메이킹으로 권력을 잡은 몇몇 정치인들의 특기라고 비판했다.

오웰은 특히 학자, 지식인, 법률가를 향해 끊임없이 비판적인 목소리를 내는 방식으로 평범한 사람들을 옹호했다. 그는 학식 있고 높은 지위에 오른 사람들이 평범한 사람들을 이해하거나 존중하기는커녕 지나치게 자기중심적인 태도를 보인다고 지적했다. 브루스 베구가 언급했듯, "오웰이 말하는 품위 있는 사회란 흠잡을 데 없이 완벽하고 행복만이 가득한 유토피아가 아니라, 삶의 이상을 강요하지 않고 이미 존재하는 관습과 평범한 삶의 형태, 심지어 사소하고 불완전한 것들까지 존중하는 사회"다.[7]

여기서 한발 더 나아간다면, 평범한 삶은 '불완전하기 때문에' 우리에게 용기를 준다고 말할 수도 있을 것이다. 보통 사람들의 품위는 규범도 이론도 아니다. 또한 추상적 관념이 아니기 때문에 결코 절대적이지도 않다. 평범한 사람들의 품위로 인해 의무가 발생하더라도 그것을 완벽하게 실행할 필요는 없다. 반대로 완벽주의는 때로 일종의 자기애적 성격 장애를 드러낸다. 이 독선적 태도는 결국 주변에 악영향을 끼치고 가장 소박한 바람을 과소평가하면서 그것을 쓸데없는 것으로 만들어버리기 일쑤다.[8]

대립하지 않고
더불어 생각하는 자세

●

    이 지점에서 평범하고 그만하면 괜찮은 삶에 대한 나의 성찰을 겸손, 관용, 희망과 연관 지어 생각해보고자 한다. 다시 말해, 타인을 판단하지 않는 것과 스피노자가 말한 자신을 지키고자 하는 노력에서 비롯되는 진정한 기쁨을 연관시키고자 한다. 한 스피노자 전문가는 "겸손한 사람들은 자신이 가진 지성의 한계를 인정하고 오만한 사람들에 비해 자신의 부족함을 있는 그대로 받아들이기 때문에 상대적으로 타인의 내면에서 일어나는 깊은 울림에 관심을 더 기울일 수 있다"라고 설명한다. 이런 '깊은 울림'은 인식을 방해하는 피상적인 '청각적 소음'과는 완전히 다른 것이다.

우리가 이런 소음을 잠재우고 타인과 비교하기를 멈춘다면, 스피노자가 말한 기쁨을 느낄 기회는 더욱 많아질 것이다. 스피노자는 상처에도 자만에도 휘둘리지 않고 이성에 따라 사물을 올바르게 인식할 수 있어야 한다고 강조했다. 이는 또한 타인과 대립하지 않고 그와 더불어 생각한다는 것을 의미한다. 스피노자는 관용이 바탕이 되는 건강한 공동체야말로 타인에 대한 이해와 공감에 반드시 필요한 요소라고 강조했다.

타인과의 관계에서 자신감과 힘을 얻게 되면, 우리는 적대적이고 대립적인 태도를 버리고 협력적인 태도를 취하게 된다. 그 과정에서 우리는 우리의 능력과 장점이 다른 사람의 능력과 힘에, 더 크게는 공동체의 원활한 기능에 얼마나 큰 영향을 미치는지를 인식하게 된다. (중략) 국가가 박애 정신을 독려할수록 시민사회의 화합이 더욱 촉진되는 것은 두말할 나위가 없다.[9]

스피노자를 통해 가장 나다운 자아, 즉 내 정체성에 있어 그토록 소중한 나의 '본질'은 실상 어떤 신비로운 단일한 주체가 아니라 나와 타인에게 드러나거나 드러나지 않은, 내 안에서 오고 가는 그저 수많은 자아 중 일부에 불과하다는 사실을 깨닫게 되었다. 나의 정체성은 오랜 시간에 걸쳐 쌓아온 관계와 만남을 통해 형성되었다. 그것들은 인생의 여정에서 마주친 여러 사람들이 하나하나 모여 커다란 한 부분이 되는, 서로 동떨어진 시간과 서로 엇갈리는 감정이 뒤섞인 조각보 같은 것이다. 그토록 복잡한 조합 속에서 어떻게 가장 중요한 본체만을 따로 떼어낼 수 있겠는가. 또 그것을 어떻게 식별할 수 있겠는가. 그런 조각보가 한번 만들어지고 나면, 나는 더 이상 내가 구현하고자 하는 한 가지 모습으로만 스스로를 평가하려 하지 않을 것이다.

1950년대 미국 영화 「선셋 대로Sunset Boulevard」의 한 장면에서 극 중 여주인공 노마 데스몬드가 던진 대사에 많은 의미가 담겨 있다. "저는 클로즈업 촬영 준비가 다 됐어요." 과거의 영광을 상징하는 클로즈업 촬영을 통해 주인공은 최고의 인기를 누렸던 때로 다시 돌아가 예나 지금이나 자신이 여전히 스타라는 것을 증명하려 한다. 그러나 과거의 영광은 이제 사라지고 없으며 그녀가 카메라 앞에서 찍었다고 믿은 것, 그녀가 후대에 남기고자 한 이미지는 초상화의 주인공 대신 나이를 먹으면서 타락하고 부패하는 도리언 그레이의 초상처럼 끔찍한 착각일 뿐이다.

스피노자에 따르면 인간 존재는 각자의 특성과 역량의 결합으로 존재하기 때문에 엄격한 심판자가 아닌 결과보다 과정에 더 큰 관심을 갖는 행동학자를 필요로 한다. 이런 스피노자의 윤리학을 행동학으로 읽은 질 들뢰즈는 『스피노자의 철학』에서 행동학을 "무엇보다도 각 사물을 특징짓는 빠름과 느림의 관계, 변용시키고 변용하는 능력들에 대한 연구"라고 정의했다.[10] 그는 우리 모두는 관계와 역량, 변용과 변화의 산물로, 동물도 인간과 마찬가지로 자신이 처한 환경에 따라 긍정적, 부정적으로 반응한다고 주장했다.

> 모든 점은 식물과 비, 거미와 파리처럼 그 대칭점을 갖는다. 따라서 한 동물, 한 사물은 그것이 세계와 맺는 관계들과 분리될 수 없다. (중략) 신진대사의 빠름과 느림, 그리고 지각, 작용과 반작용의 빠름과 느림은 서로 연결되어 세계 속에서 이러저러한 개체를 구성한다.[11]

우리가 서로를 바라볼 때, 구체적인 사실보다 우리를 더 가깝게 또는 더 멀어지게 하는 방식과 역량, 알력에 대해 좀 더 깊이 생각해보면 어떨까? 우리는 단지 상황의 변화에 따라 형성되고 해체되는 것이 아니라 기쁨과 슬픔, 예민한 정신이나 관조적 성격에 큰 영향을 받으며, 이 모든 것이 우리의 의견과 성격을 형성한다. 많은 스피노자 연구자들과 마찬가지로, 우리가 평생 동안 이런저런 연속된 우연에 의해 형성된다고 확신한 들뢰즈는 영속성보다는 연관성과 반응에 더 큰 관심을 가졌다. 그는 신체와 그가 처한 환경이 맺는 관계와 그 둘의 지난한 상호작용을 관찰하면서 일반화의 위험에 빠지는 것을 경계했다. 이런 전방위적 관찰이 바로 그가 인간을 사유하는 방식이었다.

당신은 좋은 의미에서건 나쁜 의미에서건 당신이 무엇을 할 수 있는지 알지 못한다. 당신은 신체 혹은 영혼이 이러저러한 만남, 배치, 결합 속에서 무엇을 할 수 있는지 앞서 알지 못한다.[12]

거미나 파리와 마찬가지로, 인간의 변화는 다양한 요인에 의해 빨라지기도 하고 느려지기도 한다. 따라서 섣부른 판단을 내리기보다는 이런 요인들을 관찰하는 편이 더 좋을 것이다. 이 상호적 관계를 인식하고 타인을 바라볼 때, 성급한 확신은 불확실함으로 바뀌고 한 사람에게 이런저런 꼬리표를 붙이고 싶은 마음을 자제할 수 있을 것이다. 타인에 대한 편견은 끈질기기도 하지만 변덕스럽기도 하다. 그래서 확실하다고 믿었던 생각이 단 몇 초 만에도 바뀔 수 있다.

불쾌한 시선 아니면 가벼운 미소만으로 예상치 못한 생각의 변화가 일어날 수 있다. 우리가 이렇게 갑자기 바뀔 수 있는 이유는 관심을 받든, 무시를 당하든 우리가 어떤 취급을 받는지에 따라 세상에 대한 우리의 반응이 많이 달라질 수 있어서다. 스피노자의 영향을 받은 들뢰즈는 생각의 변화는 실존하는 힘, 또는 행위 역량에서 비롯된다고 주장했다. 우리는 우리를 둘러싸고 끊임없이 흘러가는 조류에 민감하게 반응하며 변화에 적응하는 변화무쌍한 존재들이다. 열정적인 연애를 하는 동안이나 말다툼을 벌인 후에 누군가에 대한 감정이 변하지 않을 것이라고 생각한다면 그것은 착각이다.

과거의 기억을 지우고 좋아하는 것과 싫어하는 것에 대한 취향을 드러내지 않으면서 우리는 이 세상에 존재할 수 있을까? 망치로 무쇠를 두드리는 것은 가치판단이 필요 없는 노동 행위

일 뿐이지만, 망치로 누군가의 머리를 때리는 것은 폭력이고 범죄다. 마찬가지로 우리가 누군가에게 투사하는 것은 객관적인 사실이 아니라 특정한 개인적 관계에서 비롯한 결과다. '그만하면 괜찮다'는 개념의 문제에서도 마찬가지로 우리는 늘, 그리고 어쩔 수 없이 과거와 현재의 평판에 따라 서로를 판단하게 될 것이다. 우리는 항상 어떤 관계 속에 얽매여 있지만, 그건 타인들도 마찬가지다. 그런데 우리의 감정과는 별개로 관계는 그 자체로 존재하며, 그들의 과거는 다 똑같지 않고 그들의 경험 대부분을 우리는 잘 알지 못한다. 따라서 우리는 이전의 관계를 바탕으로 누군가에 대해 '그만하면 괜찮다'거나 '그것으로 충분치 않다'고 판단하게 된다. 그게 아니라면 그것은 무의식적인 투사일지도 모른다. 그리고 나 역시 수많은 관계와 생각, 불화, 우정의 총체라 할 수 있다.

명예에는
이면이 있고,
성공에는
쓰라림이 있다

조지 엘리엇이
주목한 것

•

영국 작가 조지 엘리엇만큼 명예의 이면을 들추는 데 천착한 작가는 흔치 않다. 그녀의 소설 속 인물 중 일부는 평범한 삶을 일종의 진통제처럼 여기고 정상에 오르려는 과도한 경주에서 벗어나 안분지족하며 살아간다. 놀라운 점은 그들이 주변에서 벌어지고 있는 인정을 향한 치열한 투쟁을 인식하고 있으면서도 거기에 휩쓸리지 않는다는 점이다. 그녀의 소설 속 주변 인물들이 겸손하게 자신의 삶을 살아가는 방식에는 기꺼운 순응의 태도가 녹아 있다. 그들은 어떻게 그럴 수 있을까? 엘리엇은 우리에게 본받을 만한 모델을 제시해줄까? 대답은 '그렇지 않다'이다. 엘리엇은 우리에게 고리타분한 교훈을 주는 대신, 타인의 말을 다른 방식으로 듣고 무엇보다도 자신을 드러내지 않은 채 살아가는 사람들이 우리를 어떻게 감동시키는지에 특별한 관심을 가질 수 있어야 한다고 강조한다.

『미들마치』를 읽은 대부분의 독자들은 이 소설의 지극히 통속적인 결말에 실망감을 감추지 못한다. 이 장대한 소설의 결말이 고작 주인공 도로시아 브룩의 평범한 삶이라는 사실에 허탈감을 느끼는 것이다. 실제로 소설의 마지막 장에서 우리는 이런 구절을 읽을 수 있다.

그녀는 자신이 더 나은 사람이었더라면, 더 명확하게 볼 수 있었더라면 자신이 할 수 있었던 것보다 더 나은 무언가가 언제나 존재하고 있었다는 사실을 안 채로 평생을 살았다.[1]

그러나 최고가 되지 못하는 것은 비극이라고 말한 베른하르트의 『몰락하는 자』와 달리, 엘리엇은 영광의 영역에서는 볼 수 없는 자질, 즉 겉으로 드러나지는 않지만 확장되고 확산될 수 있는 자질에 대해 말한다.

그러나 그의 존재가 주변 사람들에게 미치는 영향은 헤아릴 수 없을 정도였다. 세상에 선행이 확산되는 것은 부분적으로 역사적 의미가 없는 행위에 달려 있기 때문이다. 그리고 어떤 사태들이 생각보다 악화되지 않는다면, 그것은 조금쯤은 조용한 삶을 충실하게 영위하다가 아무도 돌보지 않는 무덤에서 휴식을 취하고 있는 많은 존재들 덕분이라고 할 수 있다.[2]

엘리엇은 의도하지 않았지만 이 소설에서 타인들이 더 나은 삶을 살 수 있도록 도움을 준 모든 이에게 박수를 보낸다. 엘리엇이 묘사한 대로, 그들의 "헤아릴 수 없는" 영향력은 비록 역사적 의미가 없다고 해도 평가나 판단의 영역을 뛰어넘어 널리 확산된다. 그렇게 쉽게 전파되고 지속적인 선행을 펼치는 이들은 자신의 장점보다 다른 사람들의 장점에 더 큰 관심을 갖는다.

결과보다
과정이 중요하다

●

경험이란 언제든 바뀔 수 있는 일련의 관점과 판단의 총체다. 그러므로 어떤 행동과 그것에 대한 반응은 저마다의 성향을 보여줄 뿐이다. 섣부른 판단에 의지하는 것은 과정보다 결과가 더 중요하다는 것을 인정하는 것과 다름없다. 이 책을 쓰면서 나는 나를 기쁘게 하는 것이 무엇인지, 세상에서의 나의 위치, 실패와 성공에 대한 나의 태도를 보다 잘 이해할 수 있게 해주는 것이 무엇인지 깊이 고민했다. 반면 이 책이 독자들에게 어떻게 받아들여질지, 어떤 비판을 받을 것인지에만 골몰했다면, 이 글을 쓸 수 있도록 나를 추동했던 본래의 즐거움은 사라지고 말았을 것이다.

스피노자가 실존하는 힘 또는 행위 역량이라 부른 이 힘은 나로 하여금 기꺼이 즐거운 마음으로 할 수 있는, 그러나 지극히 사적인 무언가를 실행하게 하는 저항할 수 없는 에너지였다. 눈에 보이지 않는 변화는 바로 이런 내밀한 영역에서 시작된다. 조지 엘리엇의 작품에서 발견되는 스피노자의 사상을 분석한 작가 제이디 스미스는 이런 눈에 띄지 않는 변화를 가장 예리하게 포착한 작가 중 한 명으로 꼽힌다. 실제로 스피노자의 흔적은 엘리엇의 소설 곳곳에 배어 있다. 스피노자의 『에티카』를 처음으로 영어로 번역했던 엘리엇은 정적인 미덕이 아닌 동적인 경험을 중시한 스피노자의 철학에 깊은 감명을 받았다. 제이디 스미스는 『미들마치』에 대해 이렇게 평했다.

『미들마치』는 경험의 효과에 관한 소설로, 우리의 생각이 우리가 경험하는 것에 따라 달라질 수 있다는 점을 보여준다. 오직 경험만이 궁극적으로 사물을 바라보는 방식을 변화시킬 수 있으며, 그런 관점의 변화가 일어날 때에야 비로소 경험의 효과가 현실 세계에서 발현될 수 있을 것이다.[3]

엘리엇의 소설에서 성숙한 인물들은 대개 결과보다 과정에 집중하려고 노력하는 사람들이다. 그들은 어떤 행동, 어떤 계획, 어떤 관계를 시작할 수 있게 한 처음의 열정을 간직하고 있다. 그들의 행동 대부분은 지극히 사적이어서 다른 사람들에게 거의 혹은 전혀 드러나지 않는다. 타인의 시선에서 벗어나 자신의 성취를 굳이 드러내지 않고 자신에게 온전히 집중하며 보다 충만한 삶을 살아가는 것, 그것이 평범해 보이는 이들의 비범함이다. 타인의 평가에 얽매인 채 끝없이 괴로워하는 것이야말로 '그것으로 충분치 않다'는 마음이 불러일으키는 지독한 불행이다.

타인의 판단에 기대는 것이 우리에게 악영향을 미치는 이유는 그들이 과정에 관심을 갖기보다 성급하게 결론을 내리는 데 더 집중하기 때문이다. 스피노자의 철학은 그런 굴레에서 벗어나야 한다고 일갈한다. 그는 삶을, 아니 최소한 우리가 삶을 바라보는 관점을 어느 정도 변화시킬 수 있는 방법이 언제나 존재한다고 말한다. 통제와 제약을 받아들이는 사람은 결코 자신의 운명을 스스로 설계할 수 없다. 또 다른 스피노자 연구자가 말한 것처럼, "중요한 것은 자신이 변화할 방법을 찾는 것이 아니라, 우리의 본질이 표출될 수 있도록 우리의 '환경'을 변화시킬 방법을 찾는 것이다. 문제는 '어떻게 타인의 판단에 의존하지 않을 것인가'가 아니라 우리가 무엇에 의존하고 있는가를 아는 것이다. 또한 '어떻게 해야 속박에서 벗어날 수 있는가'가 아니라 '우리를 형성하고 파괴하는 속박이 무엇인가를 아는 것이다."[4] 아주 사소한 것이라도 천부적으로 주어진 우리의 재능에 관심을 쏟는다면, '하찮은' 평범함이란 있을 수 없다.

스피노자는 삶이 그대로 고정되어 있다고 생각하는 우리의 경직된 시각을 버려야 한다고 말한다. 그는 더 나은 본질을 향해, 그리고 자신만의 기쁨을 느끼며 실현할 수 있는 일을 향해 우리를 나아가게 만드는 힘을 강조한다.

우리가 맺는 관계를 벗어나면, 우리는 아무것도 아니다(우리는 관계적 존재이기 때문이다). 우리가 사용하는 언어, 관습, 연대 역시 관계를 벗어나서는 존재할 수 없다. 스피노자는 우리의 삶은 끊임없는 변화로 이루어진다고 말한다. 우리의 성격은 고정된 것이 아니라 우리에게 상처를 주거나 용기를 주는 것들, 말하자면 다른 이들의 눈에는 보이지 않는 사소하고 평범한 사건들에 의해 끊임없이 형성되고 변화한다. 우리의 개성 또한 우리의 상상력으로 실행되는 이미지의 수집과 조합의 산물이다. 이런 상상력은 실제로 자신과 타인에 대한 열망으로 변하는 이미지와 감각에 연관되어 있다. 평범하다는 것을 나쁜 의미로 받아들이는 것은 자신의 잠재력을 무시하는 일이다. 그러나 그렇게 눈에 띄지 않는 평범함이 우리를 더 나은 방향으로 데려갈 때, 우리의 타고난 본성은 우리의 세계를 확장한다. 그 세계는 무언가를 채워야 하는 텅 빈 곳이 아니라 이미 채워져 있는 무언가가 더 크게 되기를 기다리고 있는 곳이다. 나는 이것을 하나의 능력, 말하자면 앞으로 나아갈 수 있는 근육을 단련하도록 북돋아주는 힘이라고 생각한다.

평범한 삶은 '불완전하기 때문에'
우리에게 용기를 준다.

소소한 열망이
탁월함이 될 때

●

　눈에 띄지 않는 변화, 소소한 열망에 대한 예찬이 바로『미들
마치』의 저변에 흐르는 주제 가운데 하나다. 이 소설을 읽은 지
벌써 몇 해가 지났지만, 나는 여전히 도로시아, 캐소본, 윌 레이디
슬로를 생생히 기억한다. 그런데 희한하게도 프레드 빈시라는 인
물의 이름은 얼른 떠오르지가 않는다. 엘리엇은 평범하기 짝이
없는 이 인물을 다른 사람들의 삶을 변화시키는 인물로 재탄생시
켰다. 엘리엇은 의도적으로 프레드 빈시를 주변 인물로 설정함으
로써 독자의 관심을 끌어보려 했을 것이다.

　프레드는 허황된 야망이 아닌 자신의 잠재력과 자신만의 본

성을 따른다. 스피노자의 열렬한 독자였던 엘리엇은 이 지점에서 야망을 바라보는 관점을 비틀었다. 그녀는 야망이란 남들에게 보여주기 위한 것이 아니라 무언가 밖으로 드러나지 않는 것, 즉 자기 자신에게 가장 충실하려는 노력이라고 역설했다. 엘리엇의 소설에서는 인정받기 위해 환상을 좇아 명예를 추구하는 인물들은 타락하고 만다. 그리고 이와 반대되는 사람들, 즉 자신의 상황에 만족하는 인물들은 애정 어린 시선으로 그려진다. 제이디 스미스에 따르면, 프레드 빈시는 분명 후자에 속하는 인물이다.

『미들마치』에서 야망을 가진 모든 사람 중 프레드만이 '가치 있는 한 가지를 열망'한다. 모든 등장인물 중에서 프레드는 비현실적인 행복을 선택하지 않는다. 또한 자신의 본성에 대해서도 착각하지 않는다. 그는 보이는 것처럼 근시안적이지 않다. 도로시아는 남편 캐소본을 위대한 학자, 현대의 밀턴으로 기대하지만, 프레드는 자신의 연인 메리를 이상화하지 않는다. (중략) 그가 행복을 찾은 것은 거의 우연에 의한 것으로, 존재의 흥망성쇠에 열린 마음을 갖고 온전한 삶을 사는 그의 능력 덕분이었다. 그는 삶에 대한 어떤 철학적 이론도 없었기 때문이다.[5]

프레드는 불가능한 것을 갈망하지 않는다. 그는 허상에 관심이 없다. 허황된 꿈만 좇는 돈키호테와 전혀 다른 모습을 보여주는 프레드는 자신의 한계를 알기에 지나치게 높이 있거나 멀리 있는 목표를 추구하지 않는다. 그렇다면 그의 삶은 권태로울까? 무미건조할까? 천만의 말씀이다! 엘리엇은 헛된 망상에 사로잡히지 않고 허황된 욕망을 갖지 않는 것을 훌륭한 미덕이라 여겼다. 지루하고 단순한 일상을 기꺼이 받아들일 줄 아는 사람은 우리에게 감동을 준다. 제이디 스미스는 프레드의 '평범함'을 예찬한 엘리엇에 대해 이렇게 썼다.

프레드의 사소한 문제들, 그를 사로잡고 있으며 그가 표현하는 진부한 생각 역시 인간의 경험에 해당하는 것이므로 숭고하다. (중략) 경험의 중요성을 처음으로 엘리엇에게 납득시킨 사람은 철학자 스피노자였다. 이후 엘리엇은 이론을 버리고 실천으로 옮겨갔다. (중략) 생각에 생명력을 불어넣는 엘리엇의 능력은 너무나 탁월해서 그녀는 심지어 영미 문학을 대표하는 작가 헨리 제임스를 웃음거리로 만들면서 프레드 빈시가 『미들마치』에서 뚜렷한 목적 없이 방황하는 평범한 청년이라고 생각하게 만들었다. 그러나 프레드는 그저 평범

한 청년이 아니다.[6]

　근본주의 신봉자 시절, 나 역시 이론을 버리고 실천으로 옮겨가는 문제에 부딪혔었다. 당시 나는 까다롭고 난해한 모든 것에 집착했다. 그런데 그 자체로 모순처럼 보였던 것, 즉 성스러운 것과 범속한 것을 동일선상에 놓는 것이 충분히 의미 있는 일일 수 있겠다는 생각이 문득 들었다. 스피노자와 엘리엇은 어떻게 가장 평범한 것에서 가치를 발견할 수 있었을까? 나는 왜 그러지 못했을까? 헨리 제임스처럼 뛰어난 사람도 똑같은 함정에 빠졌다는 사실을 어떻게 설명할 수 있을까? 헨리 제임스나 내가 실제 삶에서 프레드 같은 사람에게 관심을 기울이나 했을까? 엘리엇의 많은 여주인공들의 방황에 공감한다는 점에서 나는 실제로도 그런 사람에게 관심을 가졌을 것이라 생각한다. 비록 내가 너무 서두르느라 삶을 즐기지 못하고 남들보다 앞서 나가기 위해 지름길을 택하기는 했지만 말이다.

　불완전한 행복은 조지 엘리엇이 추구한 가장 근본적인 관념 중 하나다. 엘리엇은 우리가 흔히 평범함이라 부르는 것을 진부함의 반대말로 바꾸어놓는다. 그래서 결국 그녀의 작품에서 평범하고 그만하면 괜찮다는 개념은 상당한 중요성을 갖게 된다. 프레드가 현명함의 화신이나 모범적인 롤 모델이라는 말이 아니다. 그의 삶은 결코 완벽하지 않고, 그는 그저 도달할 수 있는 목표를 향해 나아갈 뿐이며, 이는 그의 기쁨과 성취감의 원천이 된다. 그는 자신을 위해, 자신의 가장 뛰어난 무언가를 추구하며 자신의 타고난 선함이 세상에도 전파될 수 있도록 끊임없이 노력한다.

엘리엇은 뛰어난 심리 묘사로 실패와 성공의 문제를 조명했다는 점에서 빅토리아 시대의 가장 중요한 작가로 꼽힌다. 영국 작가 레베카 미드Rebecca Mead는 『미들마치』가 자신의 인생에 얼마나 큰 영향을 미쳤는지에 대해 쓴 짤막한 자전적 에세이에서, 도로시아는 19세기를 배경으로 하는 여주인공으로서 "일부 독자들, 특히 자율성과 성공의 이데올로기 안에서 교육받은 사람들을 혼란스럽게 한다"라고 언급했다. 미드는 "패기 없는 주인공의 모습을 탐탁지 않게 여기는" 독자들은 분명 "위로가 되는 엘리엇의 친절과 지혜", 그리고 "이 책의 인상적인 결말에서 드러나는 평범함에 대한 찬사"에 공감하지 못할 것이라고 말했다. 미드는 아무런 지적 성취를 이루어내지 못하는 남편 캐소본에게 도로시아가 어떻게 그토록 관대할 수 있는지 의문을 품었고, 엘리엇의 가장 모순적이면서도 강력한 신념을 반영하는 것이 바로 이런 관용이라고 생각했다.

그다지 '잘난 것 없는' 인물들에게 애정을 가졌던 엘리엇은 그들의 삶을 다른 시각으로 바라보면서 그들의 실패를 단순히 실패로 단정 짓지 않는다. 아니 오히려 실패를 성취의 또 다른 형태로 묘사하기도 한다. 미드는 고귀한 목표에 이르기 위해 최선을 다하지만 목표의 성취보다 그들이 기울이는 노력에 더 큰 의미를 두는 인물들을 애정 어린 시선으로 묘사한 조지 엘리엇의 작품에 크게 공감했다. 엘리엇의 시선에 큰 감동을 받은 미드는 심지어 "우리의 노력이 우리를 만든다"라는 결론에 도달했다.[7] 우리가 목표에 도달할 수 있는지 없는지는 대개 우연에 의해 결정된다. 우리가 걸어온 길만이 우리를 규정할 수 있다.

일상을 충만하게
산다는 것

•

    조지 엘리엇의 작품에 등장하는 몇몇 인물들이 보여주는 관대함은 성공과 실패에 대한 통속적 관념을 돌아보게 한다. 성실하게 삶을 꾸려왔다 해도 우리는 스스로 타인에 대한 관대함이 부족했다고 느낄 수 있다. 많은 이들의 롤 모델이자 멘토, 저명한 철학자, 정치 생태학의 선구자이며 시사 주간지 「르 누벨 옵세르바퇴르Le nouvel observateur」의 공동 창립자인 앙드레 고르André Gorz가 그랬다. 존경받는 사상가, 훌륭한 작가, 대중적 인기를 얻은 지식인, 이름난 이타주의자였음에도 앙드레 고르는 자신의 삶에 만족하지 못했다.

그가 아내 도린에게 보낸 절절한 연서 『D에게 보낸 편지』의 내용은 본질적으로 자기비판이었다. 그는 엘리엇이 그토록 소중히 여긴 "헤아릴 수 없는" 선한 영향력이 부족했던 자신을 자책한다. 지성계에서 화려한 경력을 쌓았음에도 자신의 삶이 온전치 못하다고 생각했던 고르는 먼발치에서 자신의 삶을 관찰만 한 자신과 달리 세상을 폭넓게 경험하고 이해하는 아내의 능력을 귀하게 여겼다. 그는 자신의 작품을 둘러싼 명성이 일상의 소리를 지워버리고 자신의 초라하고 황폐한 내면을 가려버렸다고 한탄했다. 이 책에 등장하는 많은 이들이 자신의 삶에 만족하지 못하고 더 높은 곳을 향해 나아가려고 하지만, 고르는 덧없이 사라지는 영광에 연연하지 않았다. 오히려 지향했던 자신의 모습과 현재의 모습이 너무나 동떨어져 있다는 사실에 낙심했다.

이제 나는 인생에서 무엇을 이루었는지, 앞으로는 무엇을 하고 싶은지 생각해보는 나이가 되었습니다. 내 인생을 직접 살아낸 게 아니라 언제나 먼발치에서 지켜보기만 한 것 같아요. 나의 한쪽 면만을 발달시켰고, 한 인간으로서 무척 초라하다는 느낌이 들었어요. 당신은 늘 나보다 더 풍요로운 사람이었습니다. 당신은 모든 면에서 만개한 사람이었지요. 거침없는 삶을 살았고요. 반면에 나는 우리의 삶이 진짜 시작되려면 아직 멀었다는 듯, 언제나 다음 일로 넘어가는 데 급급했어요.[8]

'실천하는 삶'과 '생각하는 삶'의 조화를 추구했던 고르에게 많은 이들은 감명을 받았다. 고르는 엘리트 교육기관을 중심으로 한 프랑스 학계와도 거리를 두는 삶을 살았다. 그럼에도 그는 아내 도린처럼 '거침없는 삶'을 살지 못한 것을 못내 후회했다. 스스로를 한 인간으로서 무척 초라하다고 여겼고, 아내는 언제나 자신보다 풍요로운 삶을 살았다고 생각했다. 경력을 쌓고 발전해야 한다는 의무감에서 벗어나지 못한 그는 진정한 자기 자신으로 살지 못했다. 책과 연구로 명성을 얻고 자신의 영향력이 커질수록, 공적인 것보다 사적인 것을, 출판된 책보다 미발표된 책을 더 소중히 여길 줄 아는 자질을 갖기를 바랐다.

고르는 일상을 충만하게 살지 못한 것을 크게 후회했다. 아내에게 고백한 것처럼, 추상적 관념이라는 막에 둘러싸여 일상적인 삶을 제대로 경험하지 못했다. 처음에 도린은 고르의 단호한 면에 압도되었지만 점차 그의 영향력에서 벗어나고자 했으며 이론을 내세우는 것에, 특히 통계에 반기를 들었다고 한다. 나는 이 내용에서 깊은 인상을 받았는데, 그것은 내가 통계학자나 이론주의자여서가 아니라, 나 역시 고르처럼 나의 생각과 사상을 구조화하는 이론이 없으면 그것이 경험론과 무의미함에 가려질 것이라 염려했기 때문이다.

평범한 것은 가치가 없고 그 자체로 탁월할 수 없다는 생각은 어디에서 비롯되었을까? 고르에게 전환점을 마련해준 사람은 그의 아내였다. 도린은 "변화하는 현실의 복잡성을 인식하지 못하게 방해하는 것은 언제나 이론"이라고 주장하면서 고르에게 반기를 들었다.[9] 이 말은 내게도 전환점이 되었을 수 있다. 그러나 그렇기에 나는 고대인들이 그토록 소중히 여긴 중용을 받아들일 준비가 되어 있지 않았다. 그것은 너무 위험하고 해로운 것처럼 보였다. 나는 사물의 가치, 사람의 능력, 내 이론의 탁월함을 믿고 싶었다. 고르는 『D에게 보낸 편지』에서 자신은 이미 너무 늦었고, 너무 오래 미뤄왔으며, 아내는 그토록 수월하게 했던 일, 즉 자신의 선한 영향력을 전파할 수 있는 기회를 놓치고 말았다고 자책한다. 아내 도린과의 동반 자살로 기억될 고르의 불행은 성공을 이루었으나 결코 자신에게 만족하지 못하는 모순적인 감정을 보여준 안타까운 사례로 기억될 것이다.

고르의 『D에게 보낸 편지』를 읽으며 한 가지를 깨달았다. 완벽주의에 집착하는 동안, 나는 아리스토텔레스나 호라티우스가 예찬한 중용에서 너무나 멀어져 있었다. 극단주의에 대한 그들의 경고에 귀를 막아버렸다. 하지만 세상에서 자리를 찾지 못한 채 자신의 커리어를 이제 막 시작하려는 젊은 여성이 타인의 인정을 바라는 대신 자신이 정한 기준에 따라 평범하고 그만하면 괜찮다는 마음을 갖고 스스로 만족할 수 있는 삶을 살아야 한다는 충고를 어떻게 받아들일 수 있었겠는가. 앞날이 창창한 젊은 청년이 어떻게 '안정', '균형', '현상 유지'와 같은 말을 자신의 신조로 삼을 수 있었겠는가. 고대인들은 이런 말들을 만족에 대한 깊은 철학적 사유로 받아들였겠지만, 나는 이 말들을 현실에 안주하려는 안일함으로 생각했다.

그러나 고대 로마 시인 호라티우스는 그렇게 생각하지 않았다. 그는 『서정시집 2권』에서 영광에 따라올 수밖에 없는 고통을 피하는 방법을 논했다. 그는 중용을 예찬하며 극단을 멀리해야 한다고 충고한다. 그러면서 자신의 우월함을 과시하지 말고, 너무 큰 집을 소유하지 말며, 너무 빨리 항해하지 않으면 시기를 할 일도, 시기를 당할 일도 없을 것이라고 말한다.

> 황금처럼 귀중한 중용을 추구하는 이는 옹색하지도 비열하지도 않게 편안히 살아가며, 천박한 이들이 부러워하는 대저택과 멀리 떨어져 소박하게 지낸다. 드높은 소나무는 바람에 자주 흔들리고, 가장 높은 탑은 더욱 육중하게 무너져 내리며, 산꼭대기는 번개를 맞게 되는 법이다. 마음의 준비가 된 영혼은 불행 속에서도 행복을 구하고, 번영 속에서도 불행을 염려한다. (중략) 어려움이 닥쳤을 때 용감하고 대담한 모습을 보여라. 그리고 순풍이 불어 돛이 부풀어 오를 때 돛을 다시 접을 수 있다면, 그대는 현명한 사람이다.[10]

호라티우스에게 평안한 삶이란 무기력한 삶이 아니다. 본능적인 과시욕을 자제하려면 용기와 명철한 정신이 필요하다. 가진 게 많을수록 잃을 것도 많은 법이다. 화려한 대저택을 소유하면 시기의 대상이 될 수밖에 없다. 그러니 놀랄 필요 없다. 높이 솟은 탑은 더욱 처참하게 무너지고, 우리를 시기하는 이들의 음흉한 기쁨은 더욱 잔인해질 것이니.

겉으로 드러나지 않는 삶을
들여다볼 줄 알아야 한다.

성공에 대해
초연할 수 있는가

•

    미국의 저명한 철학자이자 심리학자 윌리엄 제임스는 동시대인들이 가진 성공에 대한 강박을 신랄하게 비판했다. 그는 "성공의 여신을 지나치게 숭배한 나머지 도덕적 관념이 무너져가고 있다"라고 개탄했다. 그러면서 "성공을 돈으로만 해석하는 천박한 태도야말로 망국병이 아닐 수 없다"라고 일갈했다. 오랫동안 나는 내가 존경하는 위대한 작가와 예술가는 이런 '병'과는 아무런 상관이 없을 것이라 생각했다. 나는 그들이 완벽하고, 사리사욕을 추구하지 않으며, 윌리엄 제임스가 그토록 가차 없이 비판한 추악한 성공에 초연할 것이라 믿었다. 그들은 놀라울 정도로 칭찬에 무관심한 것처럼 보였고, 자신의 실패를 담담하게 받아들이는 것 같았다. 나는 왜 소설에서나 존재할 법한 그런 인물들에게 그렇게 연연했을까? 물론 스피노자처럼 대중의 인정보다 스스로에 대한 확신을 더 중요하게 여기는 사람들이 있을 수 있다. 그들은 타인의 시선이 아니라 자신의 정체성이 추동하는 힘에 의해 움직인다. 성공을 순수한 성취로 여기고 쉽사리 자만에 빠지지 않는다. 이런 품격은 빅토리아 시대의 영국이나 체호프 시대의 러시아에서 특히 강조되었지만, 현대의 많은 이들에게도 여전히 유효한 가치다.

19세기 영국 소설가 앤서니 트롤럽Anthony Trollope은 작품 활동에 전념하기 위해 직장을 그만두었을 때, 자신의 내면을 탐구하기보다 자신을 파는 데 혈안이 되어 있다는 비판을 받아야 했다. 빅토리아 시대 사람들은 더 많은 책을 쓰고 팔겠다는 야망을 물질적 욕망으로 치부하며 천박하다고 비난했다. 반면 내면의 탐구로 존중되는 예술은 예나 지금이나 숭고한 사명으로 여겨진다.

내 인생에서 여전히 중요한 역할을 하고 있는 소설『미들마치』를 다 읽고, 나는 조지 엘리엇이 성공에 전혀 관심이 없었으며 그녀의 성공은 그저 우연일 것이라고 생각했다. 그녀의 소설은 순수한 광채로, 과도한 야망에서는 뿜어져 나올 수 없는 빛으로 환히 빛나고 있다고 생각했다. 내 머릿속에서 이상화된 엘리엇은 천박한 성공 지상주의를 초월해 영광의 유혹에 흔들리지 않는 사람이었다. 나는 그녀가 자신의 명성에 대해 아주 가끔씩만, 아니 전혀 신경 쓰지 않을 것이라 생각했다. 그런데 메리 앤 에번스(조지 엘리엇의 본명)가 열아홉 살 때부터 야망이란 "위대한 악덕"이자 "가장 강렬한 것"이라고 말한 사실을 알게 된 후로 엘리엇에 대한 환상에서 벗어났다.

　그 사실을 알고 조금 실망하긴 했지만, 나 자신을 돌아보게 되었다. 나의 조지 엘리엇이 "그런 식의 야망"[11]을 좇았다는 것을 어떻게 받아들여야 할까? 그런데 나는 왜 그 사실에 실망을 했을까? 왜 엘리엇이 성공에 무관심했을 것이라 지레짐작했을까? 그녀가 성공에 무관심하지 않았다고 해서 작품의 가치가 훼손되기라도 한다는 말인가? 아닌 말로 야망이 없었다면 엘리엇이 『미들마치』는 고사하고 다른 어떤 작품을 쓸 수 있었겠는가! 엘리엇은 자신이 작품의 성공에 연연하게 될까 봐 두려워했을까? 엘리엇은 "문학적 영광의 허세", "자신의 야망에 충실한" 행위에 대해 청

교도적 엄격함을 드러냈다.[12] 그렇다면 그녀는 글쓰기, 보다 넓게는 예술이 개인의 성숙에 도움이 되지 않는다면, 단지 하찮고 물질적 이득을 얻기 위한 속물적 행위에 불과하다고 생각했을까? 엘리엇은 완벽을 추구하는 것보다 자신을 드러내지 않는 것을 가장 큰 숙제로 여겼다. 그렇지만 이 경우 신경 써야 할 것은 개인의 성숙만이 아니다. 조지 엘리엇이 그랬던 것처럼 필명으로 책을 내는 것은 익명성이 철저하게 유지될 때만 가능한 일이기 때문이다.[13]

조지 엘리엇은 자신의 야망을 분명히 인식하고 있었을 뿐만 아니라, 영국 여성 최초로 공무원이 된 후 사회복지 감독관에 오른 제인 시니어Jane Senior와의 서신에서 이 문제를 언급하기도 했다.[14] 제인 시니어는 중요한 직책을 맡기 전까지 자신이 활동할 수 있는 영역이 충분히 넓지 않다며 엘리엇에게 고민을 털어놓았다. 시니어는 더 큰 영향력을 가지고 가정을 벗어나 직장에서 자신의 능력을 펼치고 싶어 했다. 그러나 엘리엇은 시니어의 바람에 공감하는 대신 그녀의 선한 품성을 칭찬했다. 1873년에 보낸 한 서신에서 엘리엇은 이렇게 말한다. "당신은 선하고 충실한 아내가 되어야 해요. 당신 자신에 대해 단순하게 생각하면 잘못된 곳을 꿰매는 데 도움이 될 거예요."[15] 엘리엇은 시니어의 커다란 야심을 비웃기라도 하듯 바느질을 비유로 들어 친구에게 충고를 건넨다. 가정생활과 사회생활을 분리할 수 없고, 좁은 세상과 더 넓은 세상을 구별하는 게 의미가 없다고 생각한 엘리엇은 소박한 선행에서 모든 것이 시작된다는 점을 시니어에게 상기시킨 것이다. 엘리엇은 일상의 아주 사소한 배려의 행위가 악에 맞서는 신성한 싸움의 일부일 뿐 아니라 세상을 보호하고 더 나은 곳으로 만드는 데 일조한다고 말했다. 그녀는 시니어를 이렇게 위로했다. "당신의 소박한 삶도 환히 빛날 수 있어요. 보다 원대한 삶을 살고자 하는 당신의 열망을 알기에 하는 말이에요."[16]

엘리엇은 가정생활에 갇혀 무언가를 놓칠까 염려하는 시니어의 불안을 후에 『미들마치』의 도로시아라는 인물에 녹여냈다. 전통적 보수주의가 엿보이는 이 담론은 그만하면 괜찮다는 개념이 유발하는 문제를 압축적으로 보여준다. 여기서 주목할 점은 엘리엇은 제인 시니어가 그토록 갈망한 명예를 이미 얻었다는 것이다. 인기 있는 소설가이자 공인이었던 엘리엇이 아무런 명예도 없는 시니어에게 언뜻 사소해 보이고 별 볼 일 없어 보이는 삶을 통해 개인의 미덕이 빛을 발할 때 작은 기적을 일으킬 수 있으니 지금의 삶에 만족할 수 있어야 한다는 조언을 했던 것이다.[17] 이런 모순은 조금 씁쓸한 뒷맛을 남긴다. 명성을 얻는 일에 아무런 관심이 없는 사람들이야 상관없겠지만, 우리는 아직 그늘에서 벗어나지 못한 친구에게 그냥 그대로 거기에 있으라고 충고하는 유명 작가의 태도에 눈살을 찌푸리지 않을 수 없다. 그렇다면 엘리엇은 자신의 작품이 사람들의 기대에 미치지 못할까 봐 두려워했을까? 이 지점에서 몽테뉴의 글이 떠오른다.

> 특정한 능력이 결핍되어 있을 때만 우리는 다른 이들 또는 우리 자신이 지식을 추구하는 과정에서 발견한 것에 만족할 수 있다. 우리보다 더 유능한 이들은 그 정도에 만족하지 않을 것이다. (중략) 우리의 마음이 만족감을 느낀다면, 그것은 우리가 위축되어 있거나 낙담하고 있다는 신호다. 어떤 만족감도 그 자리에 멈춰 있지 않는 법이다.[18]

우리가 능력의 한계를 느낄 때만 만족감을 느낄 수 있다고 쓴 몽테뉴의 글은 우리를 실망하게 한다. 솔직히 말하면 나 역시 때때로 게으름을 합리화하기 위해 이만하면 괜찮다고 만족한 적이 있다. 그렇지만 문제를 다르게 볼 수는 없을까? 목표를 향해 달려가면서도 만족감을 느낄 수는 없는 걸까? 우리는 언제나 목표를 좇는다. 그러나 경쟁심에 이끌리기보다 신념을 갖고, 무언가를 더 깊이 이해하고자 하는 열망을 갖고 목표를 향해 가보는 것은 어떨까? 달팽이의 속도라도, 아무도 알아주지 않는다 해도.

평범함과 비범함은
조화로울 수 있다

•

    나는 어떻게 지식과 권력에 대한 나의 생각을 극단적으로 변화시킬 수 있었을까? 사람의 자질은 의지의 문제도, 이념의 문제도 아니라고 믿었던 조지 엘리엇과 스피노자는 나의 생각을 변화시키는 데 큰 영향을 미쳤다. 그들은 자질은 겉으로 드러나지 않아서 발견하기 위해 애써야 하고 서서히 발전된다고 말했다. 그리고 자질이 발견되면 그것을 "우리의 존재 안에서 지속시키는 것은 우리의 몫"이라고 강조했다. 이것은 엘리엇이 스피노자에게서 빌려온 철학적 개념이다. 스피노자는 존재가 스스로를 끊임없이 연마하며 자기 존재를 유지하려는 힘을 '코나투스conatus'라고 불렀다. 아마도 이 개념이 극단에 서 있던 나를 구원해준 것 같다.

젊은 시절에는 주인공과 영웅을 선망하고 자신의 희생정신을 떠들썩하게 과시하는 사람에게 끌린다. 반면 평범하고 그만하면 괜찮다는 마음은 이상이 아닌 현실로 눈을 돌리라고 말한다. 이렇게 지극히 현실적인 깨달음을 통해 나는 완벽주의 성향에서 벗어날 수 있었다. 완벽함에 대한 열망을 포기하려면 겸손해야 한다. 나는 스피노자의 52번째 명제에 따라 실제로 우리가 바랄 수 있는 가장 큰 선물인 내적 만족의 즐거움에 대해 생각하기 시작했다. 스피노자는 이런 내적 만족을 파괴적인 자기애와 명확하게 구별했다. 모든 일이 비교와 경쟁에서 시작되는 것은 아니다. 어떤 상황들은 가능한 한 최선을 다한 행동에서 오는 내적 만족과 그 행동 자체에서 비롯된다.

제이디 스미스는 엘리엇의 인물들이 '자신의 좋은 것이 세상에도 좋은 것'이 될 수 있도록 노력한다는 결론에 도달한다. 그들은 스피노자를 추종하는 현자처럼 다가가기 어려운 지향점을 추구하기보다 "자신의 감성이 이끄는 대로 공원을 산책하고, 극장에 가고, 즐겁게 식사를 하고, 자신에게 중요한 일을 한다."[19] 지혜는 금욕주의를 설파하는 흰 턱수염이 덥수룩한 현자의 전유물이 아니다. 그 사실을 깨닫기까지 나는 먼 길을 돌아와야 했다. 나의 멘토들, 내가 따랐던 예술가들, 내가 좋아했던 철학자들이 내게 미친 영향력은 내가 무언가를 직접 경험하려 할 때 방해물로 작용했다. 공원에서 산책을 하고, 재미있는 연극을 볼 만한 여유가 내겐 없었다. 그러나 기꺼이 받아들일 수 있는 불완전의 경험과 맞물려 평범함이 자신의 비범함을 드러내자, 나는 새로운 형태의 경이로움을 발견했다.

엘리엇은 『미들마치』에서 "사람들은 온갖 용감한 행위를 찬양하면서, 정작 그들과 가장 가까이 있는 이웃에게 보이는 용기에는 인색하다"라고 썼다. 거창한 자선보다 소소한 연민의 행위에 더 가치를 둘 수는 없을까? 물론 소소한 행위는 눈에 잘 띄지도 않고 말로 설명하기도 어렵다. 엘리엇의 탁월한 점은 모든 환상을 걷어내고 평범한 사람들의 현실적인 사랑을 그려냈다는 점이다. 여기서 『미들마치』의 한 장면을 끌어오지 않을 수 없다. 후에 도로시아가 재혼하게 되는 상대인 윌 레이디슬로는 진정한 '선'의 신봉자가 된 도로시아를 은근히 비꼰다. 그는 도로시아에게 그 잘난 추상적 관념을 버리고 현실로 돌아오라고 말하면서 평범하고 그만하면 괜찮다는 마음을 예찬한다.

진정한 헌신은 상황을 즐기는 것입니다. 그럴 수 있을 때 말이죠. 그 것이 최선을 다해 살기 좋은 행성이라는 지구의 평판을 지켜주는 일 입니다. 그러면 기쁨이 넘쳐 흐릅니다. 세상만사를 걱정하는 것은 쓸데없는 짓입니다. 당신이 예술이든 그 무엇이든 거기서 기쁨을 느 낄 때마다 세상은 보살핌을 받는 것이지요. 온 세상의 젊은이들을 비극의 합창단으로 만들어서 괴로움을 한탄하고 도덕적 훈계를 노 래하게 하려고 하는 겁니까? 당신은 아무래도 고통의 미덕에 대해 그릇된 믿음을 품고 있는 것 같군요. 게다가 순교자 같은 삶을 살고 싶어 하는 것 같아요.[20]

괴로움을 한탄하고 도덕적 훈계에 빠져 있던 시기에 누군 가가 내게 온 세상의 젊은이를 비극의 합창단으로 만들 셈이냐 고 물었다면, 나는 도로시아의 편에 서고 싶은 마음에 단박에 그 렇다고 대답했을 것이다. 최근 이 구절을 다시 읽으면서 나는 윌 의 인간적인 충고에 애정이 깃들어 있다는 걸 느낄 수 있었다. 그 는 고귀한 이상을 추구하는 도로시아를 존중하지만, 세상과 맞서 싸우기보다 더 좋은 세상을 만드는 데 그 이상이 쓰일 수 있기를 바랐다. 특히 내가 이 구절에 이끌린 이유는 절대 함께할 수 없다

고 생각했던 것들이 한데 어우러져 있어서였다. 그렇다. 평범함
과 비범함, 기쁨과 예술, 헌신과 즐거움은 진정으로 조화롭게 공
존할 수 있는 것들이다.

11장

구별 짓기를
거부한
프루스트,
체호프,
나이폴

프루스트의
천재들

●

　사랑에 빠졌거나 새로운 친구를 사귈 때가 아니라면, 우리는 서로의 다른 점을 크게 확대하고 비슷한 점을 작게 축소하는 경향이 있다. 우리의 이런 착각을 훌륭하게 그려낸 위대한 작가 마르셀 프루스트는 우리가 얼마나 성급하게 겉모습에 치우쳐 본질을 놓치고 마는지를 섬세하고 치밀한 필치로 보여준다.

　『잃어버린 시간을 찾아서』에 나오는 샤를 스완은 지독한 탐미주의자로 기품이 넘치고 예술적 조예가 깊은 인물이다. 그런 그가 어느 날 오데트라는 화류계 여인이 보티첼리의 그림에 등장하는 세포라와 닮았다는 이유로 그만 사랑에 빠지고 마니, 겉모습이 얼마나 큰 오해를 불러일으키는지는 굳이 더 설명할 필요가 없을 듯하다. 반대로 금욕적인 인물 뱅퇴유가 사랑의 감정을 일깨워주고 잃어버린 시간으로 데려다주는 그 유명한 '소악절'이 있는 매혹적인 소나타를 작곡했으리라고 누구도 상상하지 못한다.

프루스트는 이렇듯 인간의 모순을 세밀하게 그려내는 데 탁월했다. 겉모습만으로 누가 대단하고 누가 보잘것없다고 단정 지을 수 있을까? 훌륭한 음악을 작곡한 사람은 대체 어떤 모습이어야 하는 걸까? 하기야 사려 깊고 감수성이 풍부한 화자의 어머니조차 뱅퇴유가 그저 그런 음악 선생이 아니라 작곡도 한다는 사실을 전해 듣고는 미심쩍어했다고 소설 속 화자는 말한다. "그가 작곡을 한다는 것을 안 어머니는 자신이 그를 보러 가면 직접 작곡한 음악을 꼭 들려줘야 한다고 상냥하게 말했다."

1922년 「스완네 쪽으로」를 최초로 영어로 번역한 스콧 몬크리프는 '작곡하다'라는 동사에 임의로 따옴표를 붙여놓았다. 그래서 영어권 독자들은 수십 년 동안 프루스트가 그 단어에 따옴표를 붙임으로써 겉으로 드러나는 재능과 숨겨져 있는 재능 사이의 모호한 경계를 강조하려 했을 것이라고 이해했다. 사실상 그 따옴표는 번역자나 출판사가 삽입한 것 같지만, 그럼에도 그 따옴표의 의도를 생각하지 않을 수 없다. 그래서 나는 그 구절을 읽을 때마다 평범함과 하찮음을 혼동하기가 얼마나 쉬운지 다시금 떠올리게 된다. 뱅퇴유는 화자의 어머니가 한 요청을 그저 예의의 표시로 받아들이고, 똑같이 예의 바르게 대답한다.

뱅퇴유 씨는 그 말에 매우 흡족한 모양이었다. 하지만 그는 예의와 호의에 지나치게 마음을 쓴 나머지 언제나 자신을 남의 입장에 놓으며, 자기의 욕망을 따르거나 또는 단지 자기의 욕망을 남이 눈치 채게 하는 것만으로도 남을 불쾌하게 하거나 자기가 이기주의자처럼 보이지는 않을까 늘 전전긍긍했다.[1]

뱅퇴유의 겸손한 태도는 그것이 그가 하찮다는 증거라도 된다는 듯 그를 과소평가하게 한다. 그는 자신의 재능을 외적으로 드러내지 않기 때문에 그를 보는 사람들의 머릿속에서는 일종의 인지부조화가 일어난다. 프루스트는 천재가 어떤 사람인지 조금이라도 알고 싶다면, 이름난 웅변가를 보지 말고 품격과 교양을 갖춘 척하는 사람들을 멀리하라고 충고한다. 그러면서 실제로 위대한 예술가란 "가장 세련된 환경에서 살면서 가장 지적인 대화를 하고 가장 폭넓은 문화를 향유하는 사람들이 아니라, 그들 자신만을 위해 급작스럽게 삶을 중단하고 자신의 개성을 일종의 거울처럼 만들 수 있는 사람들"이라고 정의했다.[2]

프루스트의 천재들은 본질적으로 눈에 띄지 않는 인물들이다. 뱅퇴유가 별 볼 일 없는 사람으로 취급받는 것처럼, 소설 속 화자가 그토록 존경하는 작가 베르고트 역시 실망스러운 면모를 보여준다. 그의 겉모습은 전혀 작가답지 않다. 그렇다면 그가 왜 굳이 작가다운 모습을 보여야 할까? 또 위대한 작가로 보이려면 어떤 모습을 하고 있어야 할까? 프루스트는 한 인간의 정신은 '다층적'이기 때문에 그 안을 들여다보려면 특별한 능력과 직관을 거스르는 통찰력이 필요하다는 것을 일깨워준다.

천재는 동네에서 수도 없이 마주치는 이웃 사람처럼 생겼을 가능성이 매우 높다. 반대로 별로 놀라운 일도 아니지만, 자만심에 젖어 말만 번지르르하게 늘어놓는 사람은 실상 속은 텅 비어 있을 가능성이 높다. 프루스트는 '그것으로 충분치 않다'는 느낌을 감지하는 자신의 레이더를 절대 믿어서는 안 된다는 것을 알려주었다. 어지러운 추상화를 볼 때처럼 대상을 다각도로 바라볼 때만 한 인간의 본질에 가까워질 수 있다. 프루스트는 파리를 배경으로 속물근성에 젖은 평범한 인물들에 자신의 천재성을 녹여냄으로써 자신이 말하고자 하는 바를 명민하게 드러낸다. 우리의 진실은 본질적이든 피상적이든 항상 눈에 잘 띄지 않는다. 겉으로 보이는 모습이 한 인간의 전부가 아니라는 뜻이다. 프루스트는 우리가 천재이든, 평범하고 그만하면 괜찮다는 마음을 추구하는 사람이든 우리의 첫인상이 결코 우리가 어떤 사람인지 보여줄 수 없다는 사실을 일깨워준다. 누군가에 대해 알고 싶다면, 그에게 덧씌워진 선입견에서 벗어날 수 있도록, 난해한 소설을 읽을 때처럼 모호하거나 이해되지 않는 부분을 다시 들여다볼 필요가 있다.

평범한 사람을
바라보는 소설의 힘

●

    우리가 성급하게 판단하지 않는다면, 세상은 이상하리만치 지루하게 느껴질 것이다. 타인에 대한 섣부른 평가는 어쩔 수 없는 것인지도 모른다. 누군가를 험담할 때처럼 우리는 누군가를 평가할 때 유대감이 끈끈해지고 우정이 돈독해지는 것을 느낀다. 그렇게 우리는 결국 누군가를 깎아내리고, 누군가를 치켜세운다. 그러나 험담과 섣부른 평가는 제아무리 쓸모 있고 즐거운 일이라 해도, 또 복잡한 인간관계에 윤활유 같은 역할을 한다고 해도 세상을 내부자와 외부자로 이분하는 태도에 불과하다. 우리는 모호한 부분을 제대로 들여다보지 않고 전체보다는 부분에 집중한다.

흑인이자 성소수자였던 미국 소설가 제임스 볼드윈은 우리가 하는 증오의 표현이 한 인간에 대한 편협한 판단에서 비롯된다고 말했다. 그는 타인을 증오할 때는 자신을 들여다볼 필요가 없어진다고 지적하며 이렇게 썼다. "사람들이 그토록 끈질기게 타인을 증오하는 이유 중 하나는 누군가를 증오하지 않으면 자신의 고통을 직면해야 한다는 것을 직감하기 때문이다."[3] 흑백 논리와 고정관념에서 벗어나 세상을 바라볼 때, 우리는 판단에 더욱 신중해질 것이고 모호한 부분을 더욱 선명하게 볼 수 있을 것이다.

많은 이들이 내게 나이폴V. S. Naipaul의 『비스와스 씨를 위한 집』을 읽어볼 것을 권유했었다. 나는 무일푼으로 시골에서 올라와 자신의 집을 마련하기 위해 평생토록 고군분투하는 한 사내의 이야기를 담은 수백 페이지짜리 책을 읽을 엄두가 나지 않았다. 그러나 결국 그의 책을 집어 들었고, 소설에 등장하는 비호감 사내 비스와스 씨에게 강렬한 감정을 느끼게 되었다. 여러 페이지에 걸친 치밀한 묘사, 반복되는 사소한 제스처, 내면의 독백을 통해 나이폴은 완벽하지 않지만 우리의 깊은 공감을 이끌어내는 보잘것없는 인물을 그려낸다.

비스와스 씨의 내면을 보면 이 무뚝뚝하고 소심한 사내는 꿈을 좇는 사람으로, 그의 분투에서 비범함을 엿볼 수 있다. 그래서 그의 삶은 우리의 삶과 마찬가지로 공적이면서도 사적이고, 평범하면서도 특별한 양면성을 보여준다. 그러나 겉으로 보면 그는 고약하고 불평불만을 달고 살며 시기심이 많은, 한마디로 실패한 사내일 뿐이다. 때때로 이야기는 반복되며 긴 호흡으로 전개된다. 그래서 비스와스 씨의 삶이 그다지 흥미롭게 느껴지지 않을 수도 있다. 그러나 이 이야기에 깊이감을 더해주는 것이 바로 이런 사소한 부분에 대한 세밀한 묘사다.

나이폴은 보잘것없는 것에 가치를 부여한다. 비스와스 씨의 지난하고 별 볼 일 없는 인생 역전은 우리와 크게 다르지 않다. 적어도 겉으로 볼 때는 그렇다. 잘나지 못한 그의 인생에 연민을 느끼면서 우리는 스스로의 두려움을 이해하게 된다. 비스와스 씨는 신랄한 풍자가 담긴 디킨스의 소설을 읽고 나서, 책 속에 자신과 닮은 우스꽝스러운 인물이 존재하는 것에 위로를 받는다. 그는 비애감과 고립감에 잠식되지 않고 소설 속 희화화된 인물에 동화된다. 물론 그도 별 볼 일 없는 사람이긴 했지만, 디킨스의 소설에서 자신보다 더 별 볼 일 없는 인물을 발견해낸다.

그때 그는 디킨스의 소설에서 위안을 받았다. 별다른 어려움 없이 등장인물과 배경을 자신이 아는 사람들과 장소에 이입했다. 디킨스가 그려낸 기이한 인물들을 보면, 비스와스 씨가 두려워하고 그를 고통스럽게 하는 모든 것이 우습고 별것 아닌 것처럼 느껴졌기에 분노도 경멸도 쓸모없게 되었다. 그리고 그는 하루를 지내며 가장 꺼렸던 일들, 말하자면 아침마다 옷을 차려입는 일, 매일 자신감을 불어넣는 일, 때로 희생을 감수하는 것으로 여겼던 일을 견뎌내는 힘을 길어 올렸다.[4]

독서의 경이로움은 동일시와 해리라는 특별한 양면적 체험을 가능하게 한다는 데 있다. 연민을 표하거나 분노를 억누르는 것을 그토록 어려워했던 비스와스 씨가 디킨스의 소설에서 위안을 받았을 때, 그는 소설 속 인물들의 대수롭지 않은 삶을 통해 기적적으로 구원받는다. 디킨스의 소설은 비스와스 씨의 분노도 경멸도 쓸데없는 것으로 만들어버리는데, 디킨스의 소설 속 인물이 그의 감정을 누그러뜨렸기 때문이다. 아무리 보잘것없는 사람이라도 소설 속에서는 중요한 인물이 된다.

소설에는 우리의 경험을 확장시키는 힘이 있다. 사랑하는 친구가 죽음을 맞았을 때, 부고 기사는 그저 몇 월 며칠이라는 날짜를 한정할 뿐 그를 살게 한 것은 무엇인지, 그가 우리에게 준 것은 무엇인지는 하나도 설명해주지 않지만, 소설은 이처럼 몹시 냉담한 부고 기사에서는 기대할 수 없는 경험을 하게 해준다. 나이폴은 무미건조한 짤막한 글과 풍부한 감정이 담겨 있는 글을 대비시키는 것을 즐겼다. 일례로 『비스와스 씨를 위한 집』에 나오는 두 글을 비교해보자. 먼저 다음의 글은 고인과 개인적 친분이 없는 신문기자가 급하게 작성했을 법한 부고 기사다. 여기에는 어떤 감정적 표현도 없으며 고인이 생전에 겪은 기쁨이나 시련에 대해서는 한마디도 언급되어 있지 않다.

> 포트 오브 스페인, 세인트 제임스, 식킴 스트리트에 거주하는 기자 모헌 비스와스 씨는 사망하기 10주 전에 해고되었다. 그는 한동안 투병 생활을 했다. 투병을 시작하고 채 1년이 되지 않아 콜로니얼 병원에 9주 이상 입원을 했고, 집에서 더 오랜 시간 요양을 했다. 의사가 그에게 절대 안정을 취해야 한다고 했을 때, 그를 고용했던 트리니다드 센티넬은 그를 해고할 수밖에 없었다. 비스와스 씨에게는 3개월의 해고 유예기간이 주어졌고, 그가 사망하는 날까지 매일 아

침 신문이 배달되었다.[5]

매우 현실적이고 급조된 듯한 이런 글을 보고 우리가 알 수 있는 것은 거의 없다. 그저 비스와스 씨가 기자였고 병에 걸려 해고되었지만(놀랍도록 쓸데없는 자세한 정보), 매일 무료로 신문을 받아보았다는 사실만을 미루어 짐작할 뿐이다. 그의 고통, 결혼 생활, 꿈에 대해서는 한마디 언급도 없다. 우리는 그저 단 몇 줄로 요약된 그의 삶을 추측할 수 있을 뿐이다. 그럼 무미건조한 이 글과 비스와스 씨의 지나온 과거를 되짚어보는 다음의 글을 비교해 보자.

비스와스 씨가 보는 모든 남자, 모든 여자는 멀리에서조차 그를 공황 상태에 빠지게 했다. 그러나 그는 그런 것에 이미 익숙해져 있었다. 그런 감정은 삶의 고통에 내재되어 있었다. 그는 운전을 하면서 자신의 고통이 지닌 또 다른 깊이를 발견했다. 24시간 동안 보지 못했던 모든 사물은 건강하고 행복했던 그의 과거의 일부였다.
지금 그가 보는 모든 것은 그의 두려움, 모든 초원, 모든 집, 모든 나무, 모든 길모퉁이, 모든 언덕, 모든 분지로 인해 훼손되었다. 그래

서 세상을 바라보는 것만으로 그는 자신의 현재와 과거를 조금씩 파괴하고 있었다.[6]

나이폴은 평범함의 표피 아래를 파고들어 우리로 하여금 주인공이 느끼는 고통에 깊이 공감하게 한다. 나무의 결, 길모퉁이, 두려움 등 겉으로는 보이지 않지만 기억으로 가득 찬 그 모든 것 안에서 그의 삶의 깊이가 다시 드러난다. 고인의 이런 감정들은 부고 기사에서는 절대 찾아볼 수 없다. 또한 이런 감정들은 명확하지도 않고 딱히 암시적이지도 않다. 비스와스 씨의 삶처럼, 또 다른 많은 삶이 이런 소리 없는 열병에, 단순하고 투박한 이야기에 가려져 있다. 그리고 그런 삶은 예술이 열어놓은 틈새에서만 그 모습을 드러낸다.

삶은 결코 완벽하지 않고,
그저 도달할 수 있는 목표를 향해 나아갈 뿐이며,
이는 기쁨과 성취감의 원천이 된다.

아무도 알아주지 않더라도

평범함 속에서 특별함 찾기

●

체호프의 매력에 빠지면 선에 대한 열망을 추구하는 그의 소설 속 인물에 쉽게 감정 이입을 하게 된다. 지극히 일상적인 상황에 놓인 인간의 다양하고 모순된 반응을 탁월하게 그려냈기 때문이다. 단편소설 『귀여운 여인』을 처음으로 읽었을 때가 생각난다. 나는 그 소설을 읽으며 완전히 이해받고 있다는 느낌이 들었다. '이거 완전히 나잖아'라는 생각이 들 정도였다. 새로운 사람을 만날 때마다 대책 없이 사랑에 빠지는 올렌카처럼, 나 역시 새로운 철학을 접할 때마다 거기에 푹 빠져서는 새로운 신념을 열정적으로 받아들이고 이전의 신념은 금세 잊어버리곤 했으니 말이다.

톨스토이는 이 소설에서 여주인공을 빈정거리듯 묘사한 체호프를 비판했다. 톨스토이는 올렌카가 엉뚱한 쿠킨과 보잘것없는 목재상과 냉정한 수의사와 사랑에 빠지는 것은 전혀 비난받을 일이 아니라고 주장했다. 그러면서 편견 없이 사랑에 빠지는 올렌카의 관대함을 예찬했다. 그는 "쿠킨이라는 남자를 사랑하는 것이나, 스피노자나 파스칼 또는 쉴러에게 열중하는 것이나 거룩하기는 마찬가지이며, 올렌카처럼 사랑의 대상이 쉽게 바뀐다 해도 그것을 비난할 수는 없다"라고 했다. 아마도 체호프는 '거룩한'이라는 표현을 언짢아했을 것이다. 주로 의대 등록금을 벌기 위해 글을 쓴 체호프는 거룩한 사랑은커녕 다른 어떤 거룩한 것도 예찬할 마음이 없었기 때문이다.

순수하고 고결한 영혼에 매료되었던 톨스토이나 도스토예프스키와 달리, 체호프는 거룩한 인간상에 전혀 관심이 없었다. 체호프는 올렌카를 통해 고결한 여성상을 칭송하려 한 것이 아니라, 그녀를 관찰함으로써 연인, 자녀, 반려동물, 또는 종교와 같은 어떤 존재나 신념에 맹목적으로 집착하는 인간의 욕구를 표현하고자 했다.

체호프는 모든 맹목적인 것은 위험을 내포하고 있다고 믿었다. 사람들은 왜 그렇게 순수, 선 또는 재능을 규정지으려고 하는 걸까? 체호프의 본직은 의사였지만 그는 학교를 짓고, 알코올 중독자를 치료하고, 노동자들이 재기할 수 있도록 돕는 등 많은 일을 했다. 보리스 파스테르나크Boris Pasternak가 탄생시킨 또 다른 의사 지바고는 체호프를 규정할 만한 완벽한 표현을 찾았다.『닥터 지바고』에서 지바고는 체호프를 칭송하는 이유를 이렇게 설명했다.

> 체호프는 인류의 궁극적 목적 또는 인류의 구원이라는 거창한 주제에 대해 겸손하고 소박한 태도를 보인다. 그는 그런 것들을 아예 염두에 두지 않는 것이 아니라, 그런 것들을 논하는 것이 건방지고 오만해 보인다고 생각했던 것이다.[7]

비트겐슈타인과 톨스토이가 겸손한 사람, 나아가 범속한 사람이 되고자 했다면, 체호프는 고귀함이니 겸손함이니 평범함이니 탁월함이니 하는 것들에 아예 무신경했다. 자의식 과잉과는 거리가 멀었던 이런 무심함 덕분에, 그는 자신의 현재를 살며 욕구에 충실할 수 있었다. 그에게 중요한 것은 자아상이나 이데올로기가 아닌 실존 그 자체였다. 체호프에게 큰 영향을 받은 막심 고리키는 체호프의 소박함을 극도의 '자비'라 여기며 이렇게 평했다.

안톤 체호프와 함께 있을 때는 누구든 자기도 모르게 더 단순하고, 더 솔직하고, 더 진실하고 싶어 했다. 나는 사람들이 그와 만날 때 거추장스러운 현학적 문구들, 유행하는 표현, 그리고 모든 싸구려 장신구를 내던지는 모습을 여러 번 지켜보았다. 원시인들이 조개껍질과 생선 이빨로 자신을 치장하듯, 유럽인처럼 보이고 싶어 꾸민 러시아인들을 말이다. (중략) 체호프가 잔뜩 치장한 누군가와 마주칠 때면, 상대의 진짜 얼굴과 살아 있는 영혼을 가린 지루하고 헛된 그 속임수에서 벗어나려는 참기 어려운 욕구에 사로잡힌다는 사실을 나는 눈치 챌 수 있었다. 평생 진실했던 체호프는 어떤 이들이 그에게 기대했던 것, 섬세하지 못한 또 다른 이들이 그에게 요구했던 것에서 완전히 초연한 자유로운 영혼이었다.[8]

어떤 의미에서 이 구절은 이 책의 전반에 걸쳐 내가 깨달은 점을 압축했다고 할 수 있다. 조지 엘리엇, 레비나스, 스피노자를 읽으며 내가 공통적으로 느낀 강렬한 감정은 가식적이고 과시적인 태도를 버리고 진짜 나를 가리고 있는 그 모든 지루하고 헛된 속임수를 내던져버리고 싶다는 느낌이었다.

체호프는 권력의 화려함을 포기하고 헛된 자존심을 내려놓으라고 말한다. 그는 어떤 방법을 제시했을까? 그는 타인의 '진짜 얼굴'과 '살아 있는 영혼'에 관심을 가져야 한다고 강조했다. 그러면 어떻게 그것을 실현할 수 있을까? 체호프는 타인을 다른 방식으로 바라보면서 거추장스러운 현학적 문구들과 유행하는 표현을 버리라고 충고했다. 체호프는 타인과 약간의 거리를 유지하면서 상대와의 차이점이 아니라 비슷한 점에 집중하려 했다. 그가 내면의 자유를 획득했다면, 그것은 타인의 기대에 미치지 못할 거라는 두려움이나 타인의 평가에 연연하지 않아서였다.

그래서 체호프의 희곡이나 단편소설을 읽을 때, 일종의 사고 체계를 파악하는 데 때로 어려움을 겪는 것은 당연한 일이다. 체호프를 "이상理想의 살인마"라 부른 러시아 철학자 셰스토프는 그가 "절대 눈을 들지 않고 구부정하게 고개를 숙인 채 걷는 바람에 어떤 신호도 읽지 못했을 뿐만 아니라", 그 구부정한 걸음이 독자들의 호기심을 자극하고 멈칫하게 했다고 평했다.[9]

체호프는 무대의 중앙에 나서지 않는 사람들에게 관심을 기울이는 보기 드문 재능을 갖고 있었다. 보상받지 않는 욕망을 그려내는 위대한 작가 체호프의 희곡과 단편소설에는 성공과 선을 구별하려 애쓰는 인물들이 등장한다. 그들은 파괴적이고 덧없는 성공을 좇는다. 그리고 글을 쓰는 그 인물들은 톨스토이나 투르게네프의 경지에 오르지 못하는 자신을 실패자, 형편없는 작가라고 자책한다. 체호프의 희곡 『갈매기』에 등장하는 오만한 작가 트리고린은 자신이 이런 덫에 걸려 있음을 가장 먼저 알아차린 인물이다. 그는 놀라운 통찰력이 엿보이는 긴 장광설을 늘어놓으며 자신이야말로 자신의 가장 큰 적, 자신의 자만심에서 태어난 무자비한 비평가라는 것을 깨닫는다. 대중은 결코 자신이 원하는 것을 주지 않을 것이라고 그는 한탄한다. 설령 그런 일이 일어난다 해도 그는 믿지 않을 것이다. 그에게 좋은 작가라는 말은 결코 만족스러운 칭찬이 아니다.

그렇지만 작품 하나가 나오고 나면, 난 그걸 형편없다고 생각합니다. 아니 그게 아니라, 그건 차라리 실수라고 할 수 있어요. 쓰지 않는 게 더 나았을 법한…. 그리고 이내 나는 실망하고 우울에 빠집니다. [그가 웃는다.] 독자들은 이렇게 말합니다. "그래, 좋네. 재능이 있어 좋긴 한데, 톨스토이를 따라오려면 멀었군." 아니면 이렇게 말합니다. "흥미로운 작품이긴 한데, 투르게네프의 『아버지와 아들』보다는 못하군." 이렇게 내 삶이 다하는 날까지 그저 괜찮다, 재능이 있다, 하지만 그 이상은 아니라는 말을 들어야 하는 겁니다. 내가 죽고 나면 친구들은 내 무덤 앞을 지나면서 이렇게 말하겠죠. "트리고린이 여기에 잠들어 있네. 좋은 작가였지만 투르게네프보다는 못했지."[10]

투르게네프처럼 잘 쓸 수 없고 최고가 될 수 없는데, 노력해 봤자 무슨 소용이 있겠는가. 대중이 트리고린에게 어떤 찬사를 보내든 그는 결코 만족할 수 없을 것이다. 위대한 작가들의 그늘에 가려져 자신은 아류가 될 수밖에 없다는 생각에 그는 이내 불행에 빠진다. 평범함을 열망한 톨스토이가 "톨스토이만큼 잘 쓰고 싶지 않다"라고 말했다는 일화를 떠올려보면, 체호프의 인물들은 얼마나 모순적인가. 타인과 나를 비교하는 행위는 지극히 인간적인 것으로, 칭찬을 너무 많이 받아도 혹은 그렇지 못해도 끊임없이 반복된다.

자신의 성취에 대한 미적지근한 반응도 견디기 어려운 일이기는 하지만, 그렇다고 성공을 이루는 것도 그다지 쉬운 일은 아니다. 언제나 시류에 역행한 니체는 본래 평범함을 경시했지만, 얼마 후에는 영광을 얻고 치러야 하는 대가를 경계했다. 그는 우리가 정상에 오르는 그 순간부터 진정한 실존적 지옥이 열리고 우리의 자존감이 처참하게 무너진다고 말했다. 정상을 정복하면 짜릿한 행복감이 영원할 것 같지만, 멀미를 할 때처럼 어지러울 수 있다는 것이다.

　　　인간의 본성은 실패보다 승리를 더 견디기 어려워한다. 심지어 승리를 쟁취하는 것이 심각한 패배를 겪는 것보다 쉽다고 생각한다.[11]

　　우리가 언제나 다른 사람들의 판단과 그들의 성공과 실패에 휘둘린다면, 우리의 욕망을 한 번쯤 되돌아볼 필요가 있다. 체호프는 어떤 방법을 제시했을까? 그의 희곡『바냐 아저씨』에 등장하는 아스트로프는 러시아의 숲이며 그곳의 자작나무, 단풍나무, 전나무를 정성들여 돌본다. 그는 자신의 개인적 야망을 제쳐두고 숲 가꾸기에 전념한다. 한 평론가는 숲을 보호해야 한다고 주장하는 그의 열렬한 호소가 극 중 가장 긴 독백으로 이루어져 있지만 누구도 그의 말에 귀를 기울이지 않는 점에 주목했다. 그가 훌륭한 의사로 남길 바라는 주변 사람들은 숲에 대한 그의 사랑을 엉뚱하고 쓸데없는 짓이라고 깎아내린다. 그들은 그가 뛰어난 의사로서 명성을 얻는 것이 훨씬 더 가치 있는 일이라고 믿기 때문이다.

아스트로프의 숲에 대한 사랑은 모든 형태의 개인적 영광에 대한 체호프의 회의적 시각을 대변한다. 체호프는 자작나무와 참나무의 아름다움, 그것의 변함없는 힘을 예찬함으로써 인간의 한계와 자기애적 가치 혼란에 해답을 제시했다.[12] 산림 파괴에 대한 아스트로프의 염려를 공감하지 못하는 바는 아니지만, 그가 의사로서의 명성과 능력을 망치고 있다며 안타까워하는 주변 사람들의 시선도 이해 못 할 바는 아니다.[13]

우리는 이런 장면을 쉽게 접한다. 회사, 학교, 하물며 가족과의 저녁식사 자리에서도 더 큰 야망을 추구하도록 부추기는 것은 결국 두려움이다. 자녀들이 세상에 자신의 능력을 뽐내기를 바라는 부모, 상사에게 질타받는 직원, 만족할 만큼 많은 책을 내지 못해 괴로워하는 작가 등 모든 문제는 성공에 대한 과시가 아니라 다른 이들의 눈에 띄지 못하는 것에 대한 두려움 때문이다.

다음의 구절은 자신을 비우는 겸허함을 향한 눈부신 찬사라 할 수 있다. 아스트로프는 숲을 가꾸는 일이 자신에게 아무런 도움이 되지 않는다는 것을 안다. 그럼에도 불구하고 그는 한 그루의 나무라도 돌보는 데 진심을 다한다.

제 덕분에 벌채를 면한 농부들의 숲 근처를 지나거나 제가 손수 심은 어린 나무들이 사락거리는 소리를 들으면, 기후 역시 얼마쯤은 제 편이라는 생각이 듭니다. 그리고 천 년 후에 인간이 행복하다면, 그것 역시 얼마쯤은 제 책임일지도 모르지요. 자작나무 묘목을 심고, 거기에 잎들이 풍성하게 뒤덮여 바람에 흔들리는 모습을 보고 있자면 가슴이 어찌나 벅차오르는지. 그런데 저는…(농장의 일꾼이 보드카 한 잔을 쟁반에 받쳐 그에게 가져다준다) 아무튼…(보드카를 마신다) 이제 가야겠군요. 결국엔 이게 다 정신 나간 이야기처럼 들릴지도 모르겠어요. 만나서 정말 반가웠습니다![14]

체호프는 의식적으로 아스트로프를 자신감 넘치고 스스로를 자랑스러워하는 자연 보호의 선구자로 표현하지 않으려 했다.

어쩌면 그는 누가 가장 고결한지를 경쟁하는 듯한 톨스토이의 인물들을 넌지시 조롱하려 한 것이 아닐까? 게다가 체호프는 보드카 한 잔을 가져다주는 뻔한 방식으로 아스트로프의 넋두리를 갑자기 중단시켜버린다. 과소평가되고 결코 인정받지 못하는 중요한 행위, 즉 아무도 알아주지 않지만 미래 세대를 위해 나무를 가꾸는 일은 평범하고 그만하면 괜찮은 것에 대한 체호프 식의 찬사다. 평범함 속에서 특별함을 찾아내는 것, 자작나무의 어린 새순이 세차게 흔들리는 것에 애정을 갖는 일은 결국 우리에게 남겨진 숙제임을 그는 다시 한번 상기시킨다.

여기서 감동적인 점은 나무를 심겠다는 아스트로프의 신념, 즉 쓸데없는 행동이라고 여겨지는 그 무의미함 뒤에 가려진 마음이 그 자체로 완벽하다는 것이다. 실제로 그는 어떤 사사로운 보상을 바라지 않으며, 그 초연함으로부터 자연과의 충만한 관계가 형성된다. 그는 평판을 중요하게 여기지 않고, 명성을 얻고자 하는 것을 이기적이고 헛된 목표라고 생각한다. 이런 삶의 태도는 고향을 한 발짝도 떠나지 못하면서 언제나 모스크바로 돌아갈 날을 꿈꾸는 체호프의 희곡『세 자매』의 등장인물들과 극도로 대비된다. 이상과 현실의 괴리 속에서 "모스크바로 가자!"라는 말을 입에 달고 사는 세 자매의 모습은 안쓰럽기만 하다. 그러나 장담하건대, 모스크바로 간다 하더라도 세 자매는 결코 만족하지 못할 것이다. 많은 작가들이 그랬듯, 체호프 역시 쇼펜하우어의 열렬한 독자였다. 쇼펜하우어는 체호프가 은근히 경멸한 병적인 불만족을 이렇게 통찰했다.

> 그러므로 행복은 늘 미래나 과거에 존재하며, 현재는 햇빛이 환하게 비추는 지면 위로 바람이 몰고 온 작은 먹구름에 비유될 수 있다. 구름의 앞과 뒤에서는 모든 것이 빛나지만, 구름 아래에는 그늘이 드리워진다. 이렇게 현재는 영원히 불만족스럽다.[15]

쇼펜하우어의 행복에 관한 비관론에 영향을 받은 사람은 나뿐만이 아니었다. 체호프의 세 자매 역시 비현실적인 꿈에서 헤어 나오지 못한다. 그들은 변화된 현실에 적응하기보다 헛된 희망에 집착하면서 평범한 삶을 부정하고 자기모순에 빠진다. 이는 스피노자가 말한 '코나투스'와 대척점에 있는 삶의 태도다.

이런 실존적 권태가 바탕에 깔려 있는 아스트로프의 행위는 처음에 사소하게 시작되었지만 이내 아리스토텔레스가 말한 탁월함을 구현하기에 이른다. 그는 자신의 환자들도 모르게 러시아의 광활한 풍경에 자그마한 변화의 씨앗을 심는다. 그리고 그 작은 변화는 마침내 세 자매의 모스크바에 대한 환상보다 더욱 고귀한 결말에 도달한다. 체호프는 아주 사소한 일이라도 일정 수준의 탁월함에 도달한다면, 그것은 그 자체로 비범하다고 말한다. 특히 그 비범함이 한 인간의 가장 훌륭한 부분을 이끌어내는 것은 물론이고 타인들에게도 도움이 될 때, 문학은 평범함을 비범함으로 바꾸는 힘을 보여준다.

체호프는 우리 눈앞에 있는 것이 무엇인지, 우리의 일상을 가장 크게 차지하고 있는 것이 무엇인지 우리가 보지 못하더라도, 기적이 일어나는 곳은 바로 평범한 공간이라고 역설했다. 스피노자의 말처럼 "본래 자신의 모습을 지키며, 그 안에서 가장 좋은 것을 발견하기 위해 노력하는 것"이 바로 불만족을 치유하는 아스트로프의 치료제다(아스트로프는 나무를 돌보지 않을 때 이 불만족에서 벗어나지 못한다). 체호프의 작품 속 인물들은 대개 보잘것없는 사람이 될지도 모른다는 두려움에 눈이 멀어 자신의 진짜 모습을 보지 못한다. 그들은 결코 이룰 수 없는 이상을 희구하며 불만족스러운 현실을 꾸역꾸역 살아간다.

체호프의 또 다른 단편소설 『베짱이』도 살펴보자. '그만하면 괜찮다'는 마음과 '그것으로 충분치 않다'는 마음 사이에서 끊임없이 방황하는 우리의 모습과 삶의 모순이 섬세하게 그려져 있다. 체호프는 평범하게 보이는 모든 것을 거부하는 여인 올가 이바노브나의 허영과 실체 없는 꿈이 불러일으키는 삶의 비극을 풍자적으로 묘사했다. 이 작품은 우리가 다른 이들을 얼마나 왜곡된 시선으로 보는지, 그리고 그들을 얼마나 그릇되게 이해하고 있는지를 깨닫게 해준다. 러시아판 보바리 부인이라 할 수 있는 『베짱이』의 여주인공은 진중한 의대생 남편의 심오함과 천재성은 안중에도 없이 겉보기에만 화려한 삶을 탐닉한다. 체호프는 이 작품에서도 겸손한 인물과 허영으로 가득 찬 인물을 대비시킨다. 올가 이바노브나는 자칭 예술가나 유명 인사들과 어울리는 데만 정신이 팔려 있다. 그런데 어느 날 남편 드이모프가 죽음을 맞는다. 그러나 그녀는 남편 앞에 얼마나 창창한 앞날이 기다리고 있었는지 감히 상상도 하지 못한다.

올가 이바노브나는 유명한 사람들을 무척 좋아했고 그들을 자랑스러워했으며 매일 밤 꿈에서 그들을 보기까지 했다. 그들에 대한 갈증은 결코 해갈되는 법이 없었다⋯. 한 무리가 떠나가서 잊혀지면 또 다른 무리들이 나타났지만 그녀는 이들에게 금세 익숙해지고 싫증을 느꼈다. 그러면 탐욕스럽게 새로운 거물들을 찾고 또 찾으려 했다. 쉬지도 않고, 끝도 없이⋯. 도대체 왜?[16]

이 새로운 거물들은 다른 유명 인사들의 존경과 칭송을 받을 때만 존재할 수 있다. 그들은 사람을 끌어당기는 매력이 있고 화려하게 빛나지만, 그들의 명성은 오래지 않아 싫증과 실망으로 변한다. 그들의 매력은 신인 예술가들이 등장하면 퇴색되고 만다. 신인 예술가들의 신선함 역시 극단적인 감각을 좇는 올가의 욕망처럼 변질된다. 그들에게도 정해진 유통기한이 있는 것이다.

『베짱이』에서 올가의 사랑을 받지 못하는 남편 드이모프는 강렬한 감각을 추구하는 사람들과 대비된다. 겸손하고 진중한 드이모프는 그의 온화함 때문에, 다시 말해 지나치게 타인을 배려한 나머지 유명 인사들에게 외면당한다. 시신 해부와 논문 작성만으로도 녹초가 된 그가 아내에게 보석을 사 주기 위해 부업을 자처하는 모습은 자칭 거물이라는 사람들과 비교되며 더욱 애처로움을 자아낸다. 그러나 그런 거물들이나 그의 아내는 전혀 몰랐겠지만, 아내에게 무시당하는 남편 드이모프는 소설에서 내실을 갖춘 유일한 인물이다. 올가가 "나의 귀여운 강아지"라고 소개한 남편은 사실 훌륭한 학자였다. 그리고 이야기의 말미에 이르러서야 체호프가 말하고자 하는 바가 분명히 드러난다. 그는 가장 훌륭한 재능이란 대체로 겉으로 드러나지 않으며 과소평가된다는 것을 독자들에게 일깨워준다. 드이모프의 가려져 있던 천재성은 그가 죽음을 맞고서야 그를 존경하는 동료에 의해 세상에 드러난다.

오, 이런, 훌륭한 학자가 될 사람이었건만…! 이런 사람은 다신 없을 거야. (중략) 고매하고 온화하고 선하고, 투명한 얼음처럼 순수한 사람이었어. 학문에 온 생애를 바쳤는데 그 학문 때문에 죽다니! 밤낮없이 소처럼 일했는데도 아무도 그를 신경 쓰지 않았어. 이 젊은 학자가, 장차 교수가 될 사람이 여기저기 진료를 다니고 밤마다 번역을 했던 이유가 이 빌어먹을… 장신구 따위를 사기 위해서였다니!

이 말을 들은 올가는 당황스러울 따름이다. 그녀가 별 볼 일 없고 시시한 사람이라고 여겼던 남편이 사실은 뛰어난 학자이자 장차 교수가 될 사람이었던 것이다. 여기서 체호프가 강조하고자 한 것은 밤낮없이 일하며 환자에게 따뜻한 연민을 가진 드이모프와 그를 바라보는 타인들의 시선 사이에 있는 괴리다. 또한 체호프는 명성을 좇는 인물의 냉담한 모습을 부각시킨다. 미래에 유명 인사가 될 사람을 놓친 것을 후회하는 올가의 가식적인 태도는 그녀가 얼마나 '눈 뜬 장님'이었는지를 여실히 보여준다.

> 올가 이바노브나는 남편과 함께한 자신의 삶을 처음부터 끝까지 하나하나 떠올려보았다. 그리고 그가 참으로 보기 드물고 비범하며 자신이 알았던 모든 사람에 비해 얼마나 훌륭한 사람이었는지를 문득 깨달았다. 또한 그녀는 돌아가신 그의 아버지와 모든 동료가 그를 얼마나 높이 평가했는지를 떠올리고는 그들 모두가 그를 장차 저명한 인사가 될 거라고 믿었다는 사실을 알아차렸다.

체호프는 '평범함'이라는 단어를 반복적으로 사용하며 여기에 내포된 부정적인 이미지를 강조한다. 예컨대 올가는 오만한 태도로 남편 드이모프의 우직함, 즉 그의 평범함에 대해 언급하며 그

점에 대해 친구들에게 위로를 받고 싶어 한다. 그녀는 "그 사람에게는 뭔가 특별한 것이 있다"라는 말을 되풀이하면서 친구들을 진력나게 한다. 그들이 인정해주지 않으면 드이모프와의 결혼이 자신의 평판에 치명적인 손상을 입힐까 봐 염려했던 것이다. 그래서 그녀는 친구들에게 자신이 왜 그렇게 눈에 띄지 않는 평범한 남자와 결혼했는지를 설명하면서 위안을 받고자 한다. 하지만 그녀는 드이모프가 죽을 때까지 그의 진짜 모습을 보지 못한다. 그녀는 남편이 평범한 남자가 아닌 미래의 저명한 인사가 될 사람이었다는 사실을 다른 사람들의 눈을 통하지 않고는 보지 못한다. 그녀는 한 사람의 평범함이나 특출함은 겉으로 드러난다는 믿음을 버리지 않는다. 어리석게도 올가는 드이모프의 죽음을 몹시 애석해하는 그의 동료의 말을 듣고서야 남편의 참모습을 알아차린다.

"곧 죽을 것 같아!" 코로스텔레프는 떨리는 목소리로 되뇌었고 다시 흐느껴 울었다. "기꺼이 학문에 자신을 바쳤는데, 그것 때문에 죽다니…. 학계에 얼마나 큰 손실인가!" 비탄에 잠겨 그가 말했다. "우리 중 누구와 비교해도 드이모프는 정말로 비범하고 훌륭한 사람이었어! 우리가 그 사람에게 얼마나 기대를 걸었는데!"

우리에게 남겨진 숙제는
평범함 속에서 특별함을 찾아내는 것,
자작나무의 어린 새순이 세차게 흔들리는 것에
애정을 갖는 것이다.

우리 각자에게
숨어 있는
비범함을 위하여

익명 뒤에 숨은
정체성

•

    현시점에서 이탈리아 작가 엘레나 페란테만큼 익명성을 자신의 정체성으로 삼은 이유를 분명하게 밝힌 작가는 없다. 익명의 작가로 남고자 하는 그녀의 바람은 평범하고 그만하면 괜찮다는 마음에 대한 성찰에서 비롯되었을 것이다. 우리는 페란테 자신을 투영한 레누라는 인물의 삶을 통해 충분히 좋은 글을 써내지 못할까 봐, 위선자로 보일까 봐, 혹은 엘리트와 서민 계층 모두로부터 조롱당할까 봐 두려워하는 작가의 마음을 엿볼 수 있다. 레누는 사람들의 기대에 미치지 못할 것이라는 두려움에 불안해하고 낙심한다. 페란테는 이런 이유로 자신의 정체를 숨기고 명

성을 깨끗하게 포기함으로써 스스로를 보호하는 길을 택했다.[1]

페란테는 익명으로 진행된 영국 일간지 「가디언」과의 인터뷰에서 자신이 절대적으로 고수하는 몇 가지 규칙에 대해 언급했다. 그러면서 그것은 "모든 형태의 사회적 압력이나 의무로부터 자신을 보호하고, 대중이 기대하는 이미지에 얽매이지 않기 위한 선택"이라고 설명했다. 그녀는 이런 자발적 은둔을 통해 "무엇에도 구애받지 않고 오로지 글쓰기에만 몰두할 수 있기를 희망한다"라고 밝혔다.[2]

작가로 활동하며 조지 엘리엇이라는 필명을 썼던 젊은 시절의 메리 앤 에번스 역시 조롱이나 과대평가에 대한 두려움 없이 글쓰기에만 전념하고 싶다는 바람을 품었다. 엘리엇은 성공이 자신의 이미지를 왜곡하고 자신이 쓴 글의 진정성을 훼손하지는 않을까 염려했다. 엘레나 페란테 역시 이런 두려움을 느꼈다. 그래서 그는 『성가신 사랑』이 출간된 후, "자신을 공개해야 하는 어떤 일도 하지 않겠다"라고 선언했다. 그녀는 "토론에 참석하거나 강연을 하지 않을 것이고, 혹여 상을 받게 되더라도 시상식에 참석하지 않을 것이며, 책 홍보를 위한 어떤 일도 하지 않을 것"이라고 못 박았다.[3]

페란테는 왜 이런 선택을 했을까? 그녀는 마찬가지로 익명을 고수한 또 다른 빅토리아 시대 작가에게 영향을 받았다며 이렇게 고백했다. "짧은 생애 동안 익명으로 책을 낸 제인 오스틴은 열다섯 살 소녀였던 나에게 강한 인상을 남겼습니다." 그녀에게 영향을 준 작가가 제인 오스틴이든, 조지 엘리엇이든 페란테는 본래 익명을 사용하는 것보다 더 극단적인 생각을 갖고 있었다. 자신의 글을 출판할 생각이 아예 없었던 것이다. 페란테는 사실 자신이 쓴 글을 출판하거나 다른 사람들에게 읽힐 생각이 전혀 없었다고 말했다.

그 덕분에 저는 자기검열을 하지 않게 되었습니다. 미디어의 측면에서 작가를 글쓰기의 성과에서 분리시키면 새로운 공간이 창출된다고 생각했어요. 『버려진 사랑』을 쓰면서 처음으로 저를 지우고 생긴 빈 공간이 글쓰기 자체로 채워지고 있다는 느낌이 들었습니다.[4]

이것은 평범하고 그만하면 괜찮다는 마음을 실현하는 또 다른 방법이라 할 수 있다. 그러나 페란테의 경우 이런 마음은 그녀의 직업이 작가인 만큼 오랜 시간을 들여 완성하는 작품에 중대한 영향을 미친다. 그녀는 자신의 선택이 시장의 법칙에 희생되지 않기를 바랐다.

앞서 보았듯 리처드 세넷은 삶이란 작고 사소한 일들이 모여서 만들어낸 결과라고 말했다. 이 말은 고통스러운 글쓰기 과정에도 적용될 수 있을 것이다. 페란테는 성공을 하든, 실패를 하든 그것에 뒤따르는 미디어의 영향력에서 자유로워지고자 했다.

저는 제 책들이 제 이름에 기대지 않고 그 자체로 존재감을 드러냈으면 했어요. 저의 이런 선택은 미디어에서 약간의 논란이 되기도 했죠. 작품의 수준을 고려하지 않고 유명세를 앞세우는 것이 미디어의 논리니까요. 그래서 미디어에 노출된 책들은 그 수준이 형편없거나 평범해도 무명의 작가가 쓴 훨씬 더 훌륭한 책보다 더 많은 관심을 받지요. 그렇지만 제가 현재 가장 중요하게 생각하는 것은 무엇보다도 기술적 가능성이 풍부하게 제공되는 창작 공간을 고수하는 것입니다. 작가의 익명성이 글쓰기에 어떤 영향을 미치는지, 저는 계속해서 탐구하고 싶습니다.

고독에는 나름의 장점이 있다. 고독은 초연한 태도를 가지게 하고 가능성을 열어준다. 그런 의미에서 여론에 신경 쓰지 않으면 작품의 소재를 자유롭게 선택할 수 있고 트렌드를 의식하지 않아도 된다. 미디어는 무명 작가의 훌륭한 작품은 그늘 속에 방치하면서도 유명 작가의 글은 별 볼 일 없다고 폄하하며 사악한 즐거움을 누린다. 경쟁을 즐기든, 고통을 받든 작가들은 미디어의 과도한 관심에서 벗어날 수 없다.

필명으로 글을 쓰는 것이 '그것으로 충분치 않다'는 마음에서 벗어날 수 있게 해준다고 해도, 익명으로 글을 쓰는 것은 이 책에서 언급한 중용을 실천하는 것과 완전히 다른 이야기다. 익명으로 글을 쓰면 불특정 다수를 대상으로 한 성공의 욕망에 초연해질 수 있고 실패의 두려움에서도 벗어날 수 있지만, 한편으로는 나의 글을 아무도 알아봐주지 않으면 어쩌나 하는 염려가 동시에 싹트게 마련이다.

평범하고 그만하면 괜찮다는 개념은 결과가 아닌 과정에, 그리고 삶에 대한 평가가 아닌 삶 그 자체에 반영된다. 페란테는 미디어, 특히 미디어가 강요하는 강박 수준의 자기 홍보를 거부하기 위한 방편으로 익명성을 선택했다. 그녀는 "어떤 예술이든 작품이 실제보다 과소평가되는 것 외에 다른 효과는 없으며, 스타

작가에 기대지 않고는 문학 작품을 다룰 능력이 없는 미디어가 요구하는 자기 홍보"를 받아들이지 않았다.[5] 페란테의 선택에는 익명성에 대한 바람과 그것에 대한 두려움이 동시에 내포되어 있는 듯하다. 겉모습이나 외부적 요인에 상관없이 나만의 고유한 세계관이 있는 그대로 받아들여지기를 바라는 것, 반대로 나를 드러내지 않으면 누구도 나를 알아봐주지 않을 것 같아 두려운 것, 은둔의 작가 페란테는 우리로 하여금 이런 마음의 모순을 다시 들여다보게 한다.

실패도
삶의 일부다

•

　평범함에 대한 두려움이 불러일으키는 강박적 감정을 설명하기란 쉽지 않다. 그것은 마치 어떤 바람이 실현되지 않았을 때 느끼는 좌절과 환멸이 뒤섞인 감정일지도 모른다. 그런데 진짜 문제는 우리가 무엇을 바라고 있었는지 명확하게 알지 못한다는 것이다. 그것은 나타났다가 사라지는 신기루 같은 것이기 때문이다. 실현할 수 있었으나 놓쳐버린 무언가를, 우리의 삶을 완전히 바꿀 수 있었지만 놓쳐버린 기회를 안타까워하는 것은 사소한 문제일지 모른다. 기대가 완전히 무너졌을 때의 절망감은 우리를 더 깊은 수렁에 빠뜨린다.

성공하기에는 너무 늦었다고, 이미 좋은 기회는 날아가버렸고 이제는 슬퍼할 일만 남았다고 속삭이는 그 기만적인 목소리는 또 어떤가. 나의 진정한 라이벌은 '그렇게 될 수도 있었는데…'라고 생각하는 또 다른 나다. 그것은 대학 시절에는 존재감 없는 책벌레였지만 후에 라디오 진행자가 되어 나타난 친구보다, 고등학생 시절 촌스러운 옷에 '평범'하기 그지없었지만 후에 내가 즐겨 읽는 잡지의 편집장이 되어 나타난 친구보다 훨씬 더 위협적인 적이다. 그런 친구들보다 내가 더 평범하다는 사실을 깨닫는 것은 얼마나 모욕적인가. 그러나 이 경우에는 적어도 나 자신보다 더 미워할 수 있는 누군가가 존재한다. 그러므로 가장 끔찍한 일은 '그렇게 될 수 있었으나, 그렇게 되지 못한 나'를 원망하는 일이다.

영국의 정신분석학자 애덤 필립스는 『놓쳐버린 삶Missing Out』의 서문에서 바로 이 부분을 정확하게 지적했다. 그의 설명에 따르면, 우리는 자신이 이미 이룬 것과 이루지 못한 것을 비교하며 이루지 못한 것에 더 애석한 감정을 드러낸다. 필립스는 살아보지 못한 삶이 왜 우리를 피해 가며, 그 삶은 왜 절대로 실현되지 않는지에 의문을 제기한다. 존재하지 않는 삶, '그렇게 될 수도 있었던 또

다른 나는 왜 그토록 우리를 괴롭히는 것일까?

> 우리가 살아본 삶 곁에는 우리가 살아보지 못한 삶, 실제로는 일어
> 나지 않았던 삶, 상상 속에서 경험한 삶, 우리가 바랐던 삶이 늘 따
> 라붙을 것이다. (중략) 우리가 이미 경험한 삶과 경험해보지 못한 삶
> 을 비교하는 이유는 경험해보지 못한 삶이 훨씬 더 나았을 거라고
> 생각하기 때문이다.[6]

필립스는 우리가 우리 자신을 무자비하게 비판하는 또 다른
자아에게 지배당하고 있다는 섬뜩한 사실을 일깨워준다. 더 많
이, 더 열심히 노력해야 한다고 부추기고, 그 정도로는 충분하지
않다며 비난하고, '그렇게 될 수도 있었던 나'와 현재의 나를 끊
임없이 비교하는 내면의 목소리는 삶을 피폐하게 한다. 살아보
지 않은 삶을 향한 집착은 현재의 삶을 외면하게 한다. 우리의 현
재는 실현되지 못한 야망에 묻혀버린다. 또한 한 번도 살아보지
못한 삶에 대한 미련을 버리지 못하면 우리는 앞으로 나아갈 수
없다. 물론 그 미련이 우리를 발전시키고 행동하게 하는 원동력
이 될 수도 있지만, 그것은 지금 살고 있는 삶을 긍정적으로 바라

볼 수 없게 한다. 펼치지 못한 가능성을 너무 안타깝게 생각하다 보면, 행복의 가장 큰 조건 중 하나, 즉 한계가 걸림돌이 아닌 장점이 될 수도 있다는 사실을 쉽게 받아들이지 못한다.

> 우리는 우리의 미래가 밝을 것이고, 우리가 무언가가 될 수 있거나 무언가를 할 수 있을 것이라는 환상에 사로잡혀 있다. 그래서 랜달 자렐의 시에 등장하는 한 인물의 말처럼 "실패 역시 우리의 삶"이라고 생각하지 않을 때, 우리는 우리가 생각했던 대로 되지 못한 것에 슬픔, 후회, 분노를 느낀다. 그렇게 우리는 우리가 될 수도 있었던 사람들과 우리의 삶을 함께 살아간다.[7]

애덤 필립스는 꿈이 좌절되고 지나치게 비판적인 또 다른 자아 때문에 현재의 삶을 망치고 마는 우리의 불행한 모습을 돌아보게 한다. 스피노자가 말한 '실천하는 삶'을 어설프게 흉내 내는 것에 불과한, 될 수도 있었던 것에 대한 미련을 버리지 못하면 현실을 부정적으로만 바라보고 실패와 좌절에서 벗어나지 못하게 된다. 실패 역시 삶의 일부라는 것을 받아들인다면, 자기 과시와 덧없는 영광을 포기하는 것쯤은 그리 어려운 일이 아닐 것이다.

볼테르는 "최선은 선의 적"이라고 말했다.[8] 이 말에는 '선' 역시 눈에 띄지 않을 뿐, 그것 역시 또 다른 형태의 탁월함이라는 의미가 담겨 있을 것이다. 오만한 판단의 속박에서 벗어난 평범하고 그만하면 괜찮다는 마음의 선각자들은 타인에게 인정받지 못하는 고통을 타인의 드러나지 않은 재능을 알아보는 기쁨으로 승화시켰다. 그래서 그들은 자신의 평범한 삶에 실망하지 않았고, 자신이 열등하다고 생각하지 않았으며, 자신의 자리에서 활짝 만개할 수 있었다. 섣부른 판단에 의한 가혹한 구별 짓기에서 벗어나 자신만의 삶을 살아가는 것, 그것이 바로 그들의 재능이 아니겠는가. 그리하여 그들은 지금을 살아갈 수 있는 자유를 획득했다. 버지니아 울프의 말처럼, 그들에게는 "지금 이 순간이면 충분했고, 모든 것이 그 안에 있었다".[9]

epilogue

나는 무엇 때문에 평범하고 그만하면 괜찮다는 마음을 탐구하려 했을까? 시작은 사소했다. 비록 친구, 동료, 부모, 형제, 자매가 의도한 건 아니라도 그들 때문에 열등감을 느껴보지 않은 사람이 어디 있겠는가. 내 여동생은 고작 생후 18개월에 '헬리콥터'라는 말을 할 줄 알았지만, 나는 아홉 살이 되도록 시계를 볼 줄도 몰랐다. 별것 아닌 것 같아 보여도, 그 때문에 나는 세상에 대해 부정적인 태도를 갖게 되었다. 그리고 여전히 생각나는 나의 첫사랑은 내가 도스토예프스키의 소설을 전부 읽었다고 말한 뒤에야 나에게 관심을 가져주었다. 이런 사소한 에피소드들은 이제

아무런 의미가 없다. 그럼에도 그 일들은 번번이 내게 상처와 시련이 되어 내 생각과 마음에 파고들었고 결국 중대한 결정을 내리는 데 커다란 영향을 주었다. 우리는 인생을 살아가는 동안, 원인과 결과 사이에 존재하는 미묘한 관계를 고려하지 않은 냉혹하기 짝이 없는 수많은 판단과 평가 앞에 놓인다. 반쪽짜리 뇌 사건이 있기 한참 전부터 나는 이런 속설을 믿었다. 한번 열등생은 영원한 열등생이라는.

우리가 맞춰가야 하는 삶의 퍼즐 조각들은 이런 모욕과 수치, 자기만족이나 자존심에 상처받는 순간들이 우리에게 어떤 영향을 미치는가에 따라 달라질 수 있다. 우리와 가까운 사람의 성공이나 실패는 우리의 자존감에 어떤 영향을 미칠까? 우리가 사랑하거나 사랑받고 싶은 누군가의 재능, 매력, 폭력성, 친절, 성급함은 우리의 자존감을 높여주기도 하고 추락시키기도 한다. 그리고 그것들은 우리를 소극적으로 혹은, 적극적으로 변화시킬 수 있다.

이런 맥락에서 한 비평가는 "우리가 미국의 유명 화가 조지아 오키프Georgia O'Keeffe의 여동생이고 예술가가 되고 싶어 한다고 상상해보자"라고 제안했다. 언니가 유명한 화가인데도 머릿속에서 언니의 작품을 완전히 무시하고 자신만의 그림을 그릴 수 있을까?[1] 조지아가 없었다면, 그 여동생 이다의 등대 그림은 미술사에서 훨씬 더 중요한 위치를 차지했을지도 모른다. 우리 역시 이다처럼 많은 이들의 그늘에 가려져 있다. 하지만 반대로 우리가 다른 이들에게 그늘을 드리울 때도 있다. 우리가 가족 내에서 이런저런 위치에 있지 않았다면, 삶의 중요한 순간에 이런저런 사람들을 만나지 않았다면 우리의 운명은 좋은 쪽으로든 나쁜 쪽으로든 다른 방향으로 흘러갔을 것이다.

나는 엘레나 페란테의 『나의 눈부신 친구』를 다시 읽으면서, 생각지 않게 사랑과 우정, 거기서 비롯되는 열등감과 우월감의 문제를 다시 꺼내보게 되었다. 그리고 어느새 다시 사춘기 시절로 돌아갔다. 그때 나의 가장 친한 친구는 그야말로 흠잡을 데 없는 아이였다. 나보다 몇 살 더 많았던 그 친구는 내 선망의 대상이었다. 유쾌하고 아는 것도 많았던 그 친구는 어떤 영화라도 줄거리를 막힘없이 이야기해주었고, 영화 '007' 시리즈의 악당 블로펠드나 잉그마르 베르히만 감독의 「제7의 봉인」에 나오는 막스 폰 시도우를 기가 막히게 흉내 냈다. 그 친구의 주근깨와 적당히 곱슬거리는 머리칼은 그 애를 더욱 매력적으로 보이게 했다. 더구나 그 친구는 그림에도 뛰어난 재능이 있었다. 열다섯 살에 자기 침대 옆에 이탈리아 스타일의 프레스코화를 그릴 정도였다. 그 친구는 자신에게 전화를 걸어대는 많은 남자들에게 그렇듯, 칭찬에도 무관심했다. 나의 눈부신 친구(편의상 칼리스타라 하겠다)는 어디에 있든 존재감을 드러냈다.

후에 칼리스타는 배우가 되었고 인터뷰를 할 때면 상황에 딱 들어맞는 소설을 인용하곤 했다. 게다가 어떤 주제든 막힘없이 이야기했다. 그 애 옆에 있으면 누구라도 자신이 하찮게 느껴졌을 것이다. 어느 날인가 그 애에게 차인 어떤 남자는 내게 이렇게 묻기도 했다. "칼리스타는 왜 그렇게 매정할까?" 나는 이 일을 빌미로 그를 내 애인으로 만들 수 있지 않을까 잠시 생각하다가 그저 그에게 미소를 지어 보였다. 칼리스타가 제일 좋아하는 소설 『마담 보바리』의 첫 문단을 읽는 데 정신이 팔린 척하면서 말이다. 그리고 이십 년 넘게 나의 눈부신 친구와 연락을 하지 않았다. 그녀는 결국 배우 생활을 접었다. 그렇다고 화가가 된 것도 아니었다. 그녀는 자신의 재능을 낭비했다고 생각했을까? 그리고 자기 옆에 항상 붙어 있던 어린 시절의 친구를 성공한 사람이라고 생각했을까? '그만하면 괜찮다', '그것으로 충분치 않다'는 관점에서 그 모든 일을 머릿속에서 정리할 수 있었을까?

몇 년 후 나는 칼리스타를 다시 만났다. 어색한 재회였다. 그녀는 내게 왜 자신을 멀리했는지 물었다. 내가 대답을 하기도 전에 그녀는 이렇게 고백했다. "너는 그때 내가 믿을 수 있는 유일한 친구였어. 내 밑바닥을 내보여도 부끄럽지 않았던 유일한 사람." 그러고는 뜻밖의 이야기를 했다. "하지만 네게 남자친구가 생겼을 때, 내가 네 남자친구와 네 똑똑한 친구들에 비해 한참 모자란다는 생각이 들더라."

우리는 서로 얼마나 기막힌 오해를 하고 있었던 것인가! 우리는 둘 다 똑같은 두려움을 느끼고 있었다. 우리가 멀어진 이유를 그녀가 오해했던 것처럼, 나 역시 스스로 부족한 사람이라는 생각에 사로잡혀 그녀의 우정을 오해하고 말았다. 그녀를 닮고 싶다는 욕망에 사로잡힌 나머지, 그녀에게서 내가 가지지 못한 것들만을 보았으리라. 내 남자친구(편의상 디미트리라고 하겠다)가 내게 이별을 통보했을 때, 나는 왈칵 눈물을 쏟았다. 내게 디미트리는 갈리스타이기도 했기 때문이다. 나는 그를 사랑해서 그를 선택했다고 생각했지만, 이제 와 되돌아보니 그는 칼리스타의 빈자리를 메워주고 있었던 것일지도 모른다는 생각이 든다. 말하자면 그는 나로 하여금 '그것으로 충분치 않다'는 마음을 끊어내지 못하게 하는, 내 선망의 대상이었던 것이다. 이 모든 것이 진부한 하이틴 드라마처럼 보일지도 모른다. 또한 무척 전형적인 이야기로, 비단 나만의 경험은 아닐 것이다.

'그것으로 충분치 않다'는 마음은 선망과 소외에서 비롯된다. 소외될지 모른다는 두려움은 예상치 못한 순간에 나타나 끊임없이 우리를 괴롭힌다. 내 젊은 날의 열정 그 자체였던 칼리스타도 디미트리도 나의 삶에 깊이 각인되었다. 그들을 선망하면서 나는 그들의 눈으로 나의 실패를 보게 되었다. 나는 그들을 통해 세상을 바라보는 나의 시야를 넓히기보다 나의 부족한 면을 들여다보는 데만 골몰했다.

그때부터 나는 디미트리의 지적인 수사법을 따라 하려 했고, 그런 태도는 어쨌든 평범함에서 벗어날 수 있는 길을 열어주었다. 나는 학업을 계속해 나갈 수 있었고, 칼리스타처럼 난해한 소설을 읽고 일본 영화를 이해할 수도 있게 되었다. 그러나 나는 나 자신의 부족한 면들을 어떻게 채울 것인지에만 급급한 나머지 다른 것들을 놓치고 말았다. 나는 칼리스타의 좋은 친구로 남을 수도 있었지만, 그렇게 하지 못했다. 나의 두려움에 눈이 멀어 친구의 두려움을 알아채지 못했던 것이리라. 진정한 애정과 평탄한 삶에 대한 그녀의 욕구는 그녀의 자신감 넘치고 유쾌한 모습에 가려져 있었다. 여전히 나는 그녀가 내게 원한 것이 바로 내 안에서 내가 가장 경멸하던 것이었다는 사실을 어떻게 받아들여야 할지 잘 모르겠다.

공교롭게도 나는 내 이야기인 것 같은 엘레나 페란테의 소설 속 인물들 덕분에, 수십 년이 지난 지금에서야 모순적이면서도 회피 수단으로 보일 수 있는 '그만하면 괜찮다'는 개념이 내게 왜 그토록 중요한지 깨닫게 되었다. 페란테의 나폴리 4부작에 등장하는 두 여인은 만나고 헤어지고 사랑하고 미워하며, 노년이 될 때까지 멀리 있어도 서로를 지켜본다. 레누는 승승장구하며 성공을 거두면서도 자신이 릴라에게 결코 인정받지 못할 거라고 생각하며 살아간다. 어릴 때부터 시작된 레누의 인정욕구는 그녀의 이야기 중 많은 부분을 차지한다. 반복되는 이 이야기에서 그녀의 인정욕구는 사랑, 글쓰기, 자녀에 이르기까지 인생 전반에 영향을 미친다. 그리고 이 인정욕구는 있는 그대로 자신을 드러내는 릴라와 달리 가면을 쓰고 사람들을 속이고 있다고 생각하는 레누의 불안을 더욱 부추긴다. 그래서 레누는 이렇게 토로한다.

"나는 쓸데없는 말을 할까 봐, 과장된 어조도 말할까 봐, 어울리지 않는 옷을 입을까 봐, 졸렬한 마음을 들킬까 봐, 흥미로운 생각을 하지 못할까 봐 언제나 두려움 속에서 살 것이다." 내 마음에 가장 와닿은 말이 바로 이 마지막 말이었다. 흥미로운 생각이란 대체 어떤 결과를 가져올까? 고통스러운 것이든 즐거운 것이든, 우리의 모든 생각은 우리 안에 있을 때는 흥미롭다. 그러나 그 생각이 바깥으로 나가면 더욱 빈약해지면서 언제든 오해될 소지가 있다. '충분히 좋은' 생각은 걱정거리가 아닐지 모르지만, 생각이 바깥으로 표현되는 순간 의심의 댐은 개방되고 그 생각은 '그것으로 충분치 않다'는 물 위에 둥둥 떠다니게 된다.

스피노자는 우리 자신만의 고유한 재능을 키우는 것이 중요하다고 강조했지만, 그것은 엄청난 성공을 이루기 위해서가 아니다. 보다 중요한 것은 그 재능이 자신만의 독특한 특징이 되고 트레이드 마크가 될 때까지 열심히 갈고닦는 것이다. 겸손하게 자신을 드러내지 않는 윤리적 노력이야말로 '그만하면 괜찮다'는 마음을 가질 수 있는 첫걸음일 것이다. 예전에 나는 무엇보다도 환상 속에 있는 우상, 이상화된 인물에게서 내가 추구하는 탁월함을 발견하려 했다. 너무 늦게 깨달았지만, 그런 우상은 자신만의 비현실적인 꿈을 좇고 있었다. 겉으로 드러나지 않는 탁월함을 실천하는 것은 삶의 속도를 늦추면서 타인과 비교하는 마음을 버리고, 자신의 한계를 인정하며 성공을 위해 노력하는 것을 의미한다. 과거의 그릇된 집착은 삶의 밑바탕에 자리 잡고 있기 때문에 삶의 속도를 늦추는 일은 결코 녹록지 않다. 페란테의 소설에 등장하는 '평범한' 인물인 레누는 탁월함을 포기하고 평범함을 받아들이려고 애쓰지만, 자기 안의 집착을 끊어내기란 그리 쉬운 일이 아니다.

> 남보다 뛰어나려고 나는 나 자신과 어떤 비밀스러운 협상을 맺었던가. 배우기 위해 그렇게 노력했는데 이제 와서 배운 것 가운데 무엇을 잊으려 애써야 하나. 게다가 나는 릴라와 닮고 싶은 마음에 나에 대한 잘못된 이미지를 가지고 살아왔다. 나는 자꾸만 나 자신을 릴라와 일치시키려고 했다. 릴라에게서 분리되려고 할 때마다 불구가 되는 것 같았다. 릴라가 없으면 생각조차 제대로 할 수 없었다. 릴라 없이는 내 생각에 확신이 생기지 않았고 어떤 그림도 그려지지 않았다. 나는 릴라와 분리된 내 모습을 받아들여야 했다. 해답은 거기에 있었다. 내가 평범한 사람이라는 것을 받아들이는 것이다.[2]

나는 이 구절에서 내 모습을 발견했다. 나 역시 내게 없던 신망을 얻기 위해, '남들보다 뒤처진다는 생각'에서 벗어나기 위해, '남들보다 우월하다는 생각'을 갖기 위해, 요컨대 타인에게 인정받기 위해 그토록 아등바등하지 않았던가. 친구를 선망하는 것은 비교적 무해해 보일 수 있지만, 페란테가 묘사하는 증상은 보다 유해해 보인다. 레누는 자신의 눈부신 친구 없이는 제대로 된 생각을 하지 못하고 자신의 생각을 확신하지도 못하며 불구가 된 것 같은 느낌을 받는다. 타인의 빛나는 모습을 가지려는 시도는 이미 만들어진 세계를 모방하는 것일 뿐이므로 실패할 수밖에 없다. 그러므로 이 공허함을 끊임없이 새로운 선망의 대상으로 채우려 하는 것은 당연한 일일지 모른다.

이렇게 반복되는 집착을 끊어내고 눈부시게 빛나는 것들과 거리를 두는 일은 생각보다 어렵다. 선망의 대상이 사라지면 자아는 심하게 움츠러들 수 있다. 자신의 모습을 있는 그대로 받아들이려면 우선 내면을 깨끗하게 비워야 한다. 우리를 사로잡지만 무상하기 짝이 없는 그 영향력에서 벗어나는 것이 첫걸음인데, 이는 결코 쉽지만은 않다.

나는 완벽함에 대한 열망에서도, 타인의 인정을 받지 못할까 봐 두려워하는 마음에서도 결코 완전히 자유로워질 수 없을 것이다. 그러나 이제는 열린 시선으로 나 자신을, 그리고 타인을 바라볼 수 있게 되었다. 나는 젊은 시절의 나를, 모든 일에 타협이란 없었던 나를 그렇게 혹독하게 대하지 말았어야 했다. 조지 엘리엇이나 비트겐슈타인이 보여준 것처럼, 젊은 시절의 금욕주의는 우리를 추동하는 힘이 있을 뿐만 아니라 특정한 선의 길로 우리를 인도할 수 있다. 그러나 문제는 당시 나의 신념이 지나치게 강박적이었다는 것이다. 제대로 이해하지 못한 실존주의, 낭만적으로만 받아들인 러시아 문학, 나를 떠나지 않는 우울이 뒤섞여 비관적인 생각을 품게 되었다. 그럴수록 나는 더욱 소외되었고 고통은 비극으로 변했다. '그것으로 충분치 않다'는 마음이 들 때마다 나는 그것을 나 자신의 신념을 배반하지 않았다는 증거로 받아들였다. 달변가들 틈에서 나만의 속도를 찾지 못해서, 대화 주제가 바뀐 뒤에야 할 말이 떠올랐기 때문에 나는 그들에게 존중받기 위해 무진 애를 써야 했다. 도스토예프스키의 극단적인 순수성은 받아들이면서 그가 존경한 디킨스의 타인에 대한 자비는 외면했고, 조지 엘리엇의 인물들이 젊은 시절에 보여준 비극적인 이야기에는 흥미를 가졌으면서 세월이 흐르면서 그들이 갖게 된 지혜는 무시해버렸다.

　나는 '그만하면 괜찮다'는 마음을 들여다보면서 내가 바꿀 수 없는 것들을 보다 평온한 마음으로 받아들일 수 있게 되었다. 나는 결코 책을 빨리 읽지 못할 것이고 논리적인 사고를 하지도 못할 것이다. 그러나 내가 바꿀 수 없는 것을 인정하고 지금껏 내가 왜 그토록 고통을 겪었는지를 이해하면서 편협함과 관대함을 가르는 모호한 경계를 성찰해볼 수 있었다.

　내가 가르치는 학생들 중 몇몇은 예전에 내가 그랬듯 외골수 같은 모습을 보이곤 한다. 나는 순수성을 추구하고 수동성이나 타협에 저항하는 그들을 그저 애정 어린 시선으로 바라볼 뿐이다. 사람들이 우리의 겉모습을 우리의 내면으로 착각할 때 문제가 시작된다는 것을 명심해야 한다. 너무나 많은 이유로 우리는 이런저런 대상을 쉽게 단정할 수 있다. 반대로 느끼는 것이나 말하고자 하는 바를 억누를 수도 있다. 바깥으로 드러나는 이미지는 결코 내면을 보여주지 못한다. 또한 그게 나라는 사람의 전부도 아니다. 내 학생들의 신념은 때로 독단적으로 보일 수 있지만, 그렇다고 경직되어 있거나 편협하지 않다. 그들이 추구하는 독단적인 신념은 언제든 무너질 수 있고, 그때가 되면 비로소 삶을 보다 관대한 시선으로 바라볼 수 있게 될 것이다.

　타인에게 인정받고자 하는 갈망에서 벗어나 자유로워질 수 있었던 놀라운 존재들의 성찰이 여러분의 삶을 변화시키는 촉매제가 되길 바라며 이 글을 마치려 한다. 타인을 섣부르게 판단하기보다 관찰하려는 이들은 겉으로 드러나지 않는 것들을 본다. 그들은 때로 쉽게 잊히지만, 그들의 특별한 자질은 이 광대한 세계의 밑바탕에 스며 있다. 겉으로 드러나는 성취에 집착하지 않았던 그들은 우리로 하여금 진정 '좋은 삶'이란 무엇인지를 다시금 생각하게 한다.

주

1장 '그만하면 괜찮다'는 마음을 꺼리고 있진 않은가?

1 "어머니는 어질지도 악하지도 않으며 환상의 산물도 아니다. 어머니는 분리
   된 독립된 개체다. 충분히 좋은 엄마는 (중략) 우선 아기의 요구에 전적으로
   자신을 맞추려고 한다. 그러나 아이가 엄마의 부재에 대처하는 능력을 습득
   하게 되면서 엄마의 돌봄 시간은 점차 줄어든다." D. W. Winnicott, 《Objets
   transitionnels et phenomenes transitionnels》, dans *Jeu et réalité*, trad.
   Claude Monod et J.-B. Pontalis, Gallimard, 《Folio essais》, p. 43.

2 Edith Zimmerman, 《I'm Calling Hypocrisy on These "Good-Enough Life"
   Advocates》, *The Cut*, 20 février 2019. https://www.thecut.com/2019/02/
   calling-hypocrisy-onthese-good-enough-life-advocates.html

3 Adam Bradley, 《The Privilege of Mediocrity》, *The New York Times
   Magazine*, 30 septembre 2021. https://www.nytimes.com/2021/09/30/

t-magazine/mediocritypeople-of-color.html

4   Emily Dickinson, 1851년 6월 22일 Austin Dickinson에게 쓴 서신에서.

5   Jorge Luis Borges, 《L'approche d'Almotasim》, *Fictions*, trad. P. Verdevoye, Ibarra et Roger Caillois, Gallimard, 《Folio》, 1983, p. 38.

6   Virginia Woolf, 《Le roman moderne》, dans *L'Art du roman*, trad. Rose Celli, Seuil, 《Points》, 2009, p. 11-12.

7   Virginia Woolf, *A Sketch of the Past*, essai autobiographique inachevé, 1940.

8   Octavio Paz, 《Masques mexicains》, dans *Le Labyrinthe de la solitude*, trad. Jean-Clarence Lambert, Gallimard, 1972, p. 43.

9   고전학자 로버트 치오피Robert Cioffi는 '에우다이모니아'가 어원적으로 '좋은 영혼', '신의 행운'을 의미한다는 점을 상기시켜주었다. 오늘날 우리는 무엇 때문에 이 신의 행운을 무시하고 충분하지 않다고 생각하는 것일까?

10 고대 로마 시인 호라티우스는 중용을 결코 타협이라 생각하지 않았다. 오히려 중용은 그가 볼 때 엄청난 적응력을 필요로 하는 것이었다. 우리는 저마다 자신이 적응할 수 있는 삶의 방식을 평가한다. "그처럼 적응은 '황금의 중용'의 필수 요소였다. (중략) 철학뿐만 아니라 매우 다양한 분야에 적용되는 이런 접근 방식을 통해 호라티우스는 타협의 의미를 강요당하지 않고 스스로 그것을 정의할 수 있었다." Stephanie McCarter, *Horace Between Freedom and Slavery. The First Book of Epistles*, Madison, University of Wisconsin Press, 2015, p. 42.

11 *Likoutei Amarim* 참조. 이스라엘 철학 교수 이도 란나우가 언급했듯, 하시니슴(유대교 신비주의 운동—옮긴이)의 교서 《하바드Habad》(이 책의 부제는 "평범한 이들의 책"이다)에 따르면 성자, 중간자, 불경한 자를 구분하는 것은 극단을 초래할 위험이 있다. "우리 대부분은 중간자의 지위, 즉 성자와 불경한 자 사이에 있는 사람들의 범주에서 벗어나려고 할 필요가 없다"라는 것이다. 란

다우 교수는 이 텍스트가 '평범함'을 정당한 것일 뿐만 아니라 '매우 좋은 것'
이라고 규정했다는 점에서 주목할 가치가 있다고 주장했다. 현대 영어에서
평범함은 약간의 부족함을 의미하지만, 유대교에서는 이를 '매우 훌륭한'
미덕으로 여겼다. 란다우 교수가 자신의 저서에서 언급한 완벽주의에 대한
비판은 뒤에서 다시 살펴보겠다. *Finding Meaning in an Imperfect World*,
Oxford, Oxford University Press, 2017, p. 56.

12 '소프로시네'라는 개념이 시시해 보인다면, 그것은 단지 우리의 생각이 한쪽
으로 지나치게 치우쳐 있기 때문이다. 아리스토텔레스에게 절제는 편협한
것도, 고리타분한 것도 아니었다.

13 나는 대니얼 멘델슨과의 대화에서 이스메네를 언급했다. "망설임 없이, 안
티고네보다 이스메네!"

2장 쇼펜하우어의 말에 고개를 끄덕일지라도

1 Arthur Schopenhauer, *Le Monde comme volonté et représentation*, trad.
Christian Sommer, Vincent Stanek et Marianne Dautrey, Gallimard, 《Folio
essais》, vol. I, livre IV, § 58, p. 603.

2 상동, p. 604.

3 Ivan Gontcharov, *Oblomov*, trad. Luba Jurgenson, Robert Laffont,
《Bouquins》, p. 513.

4 상동, p. 516–517.

5 Friedrich Nietzsche, 《Schopenhauer educateur》, trad. Cornelius Heim,
dans *Considérations inactuelles III et IV*, Gallimard, 《Folio essais》, 1990, p.
35.

6   Friedrich Nietzsche, *Le Crépuscule des idoles*, trad. Henri Albert, GF-Flammarion, 1985, p. 141-142.

3장 타인의 시선을 두려워하면 생기는 일들

1   우리 모두가 필연적으로 하는 이 지위 게임에 대해서는 Agnes Callard의 기사를 참조. https://thepointmag.com/examined-life/who-wants-to-play-thestatus-game-agnes-callard

2   Norbert Elias, *La Dynamique de l'Occident*, trad. Pierre Kamnitzer, Calmann-Lévy, 1975, p. 183.

3   *Éthique à Nicomaque*, 1097a, trad. Jules Tricot.

4   Thomas Bernhard, *Le Naufragé*, trad. Bernard Kreiss, Gallimard, 《Folio》, 1986, p. 14-15.

5   *Ein Leben an der Seite von Thomas Bernhard. Ein Rapport*. Liam Hoare, 《Thomas Bernhard was a Demon, half-brother reveals in bestseller》, *The Guardian*, 23 mars 2021에서 인용. https://www.theguardian.com/books/2021/mar/23

6   《Final Soliloquy of the Interior Paramour》, *The Collected Poems of Wallace Stevens*, 1954.

7   Daniel S. Milo, *Good Enough: The Tolerance for Mediocrity in Nature and Society*, Harvard University Press, 2019. "우리는 해결해야 하는 문제, 몰입할 수 있는 오락거리를 계속해서 생각해낸다. 그러나 일단 만족감을 느끼면, 충동은 남아 있지만 지루함을 느낀 뉴런은 우리로 하여금 다른 행동을 하게 한다."

8   Paul Fleming, *Exemplarity and Mediocrity. The Art of the Average from Bourgeois Tragedy to Realism*, Palo Alto, Stanford University Press, 2008, p. 129.

9   상동, p. 140.

10 플레밍은 "우리가 평범함을 예사롭게 지나치지 않을 때 평범한 삶에서 교훈을 얻을 수 있다"라고 주장했다. *Exemplarity and Mediocrity*, *op. cit.*, p. 155.

11 Rainer Maria Rilke, *Les Cahiers de Malte Laurids Brigge*, trad. Maurice Betz.

12 Franz Kafka, *Journal*, *édition intégrale. Douze cahiers (1909-1923)*, trad. Dominique Tassel, Gallimard, 《Folio essais》, 2021, p. 560 (10 janvier 1915).

13 Anne Sexton, *A Self-portrait in Letters*, Ecco, 2004, p. 116.

14 1958년 7월 9일 금요일: "소설 쓰기는 내게 공포증이 되어버려서 글을 쓰려고 하면 마음이 답답하고 긴장이 된다. 나는 정말로 플롯을 구성하고 싶지 않다. 아니, 할 수가 없다." 1958년 7월 7일: "글을 쓰고자 하면서도 글쓰기를 이렇게 두려워하고 꺼리는 것은 정말 올바른 태도가 아니다. 아직 쓰이지 않은 내 소설은 메두사의 머리 같은 모습을 하고 있다." Sylvia Plath, *Journaux (1950-1962)*, trad. Christine Savinel, 1999, Gallimard, p. 320 et 323.

15 1866년 11월 27일 George Sand에게 보낸 편지. Flaubert, *Correspondance*, Choix et présentation de Bernard Masson, Gallimard, 《Folio》, 1998, p. 496.

16 《Michael Cunningham on Virginia Woolf's Literary Revolution》, *New York Times*, 23 décembre 2020.

17 Arthur Schopenhauer, *Parerga et Paralipomena*, 《La philosophie universitaire》, trad. Auguste Dietrich et Jean Bourdeau, Robert Laffont, 《Bouquins》, 2020, p. 308 et suiv.

18 Karl Popper, *La Société ouverte et ses ennemis*, trad. Jacqueline Bernard et

Philippe Monod, Seuil, 1990-1991, p. 22.

19 Arthur Schopenhauer, *Parerga et Paralipomena*, 《La philosophie universitaire》, *op. cit.*

20 Arthur Schopenhauer, *Le Monde comme volonté dans et représentation*, vol. I, *op. cit.*, p. 60.

21 Sebastian Smee, *The Art of Rivalry*, 《Pollock and de Kooning》, New York, Random House, 2016, p. 259-355, notamment p. 297.

22 상동, p. 311.

23 Sebastian Smee에 의해 인용, 상동.

24 Andrea Petkovic, 《The Art of the Rivalry》, *Racquet Magazine*, no 3, 2017. 다음 내용도 참조하라. Sebastian Smee, *The Art of Rivalry*, *op. cit.*, p. 349.

25 Tim Parks, 《Raise Your Hand If You've Read Knausgaard》, *New York Review Daily*, 9 juillet, 2014.

26 Tim Parks, 《A Novel Kind of Conformity》, *New York Review Daily*, 1er décembre 2015.

27 Jay Parini, *Empire of Self: A Life of Gore Vidal*, Anchor Books, 2016.

4장 '그만하면 괜찮다'는 마음에 관한 탐구

1 Temple Grandin, *Penser en images et autres témoignages sur l'autisme*, Odile Jacob, 1997, trad. Virginie Schaefer. 올리버 색스는 책의 서문에 "이 책은 템플 그랜딘의 세계와 우리의 세계를 이어주는 다리로서 자폐인의 내면과 정신을 이해할 수 있게 해준다"라고 썼다.

2 Édouard Glissant, *Poétique de la relation*, Gallimard, 1990, p. 204.

3 　상동, p. 206-207.

4 　상동, p. 207.

5 　《What Is It Like to Be a Bat?》, *The Philosophical Review*, vol. 83, no 4, octobre 1974, p. 435-450.

6 　Oliver Sacks가 *Un anthropologue sur Mars. Sept histoires paradoxales*, trad. Christian Cler, Seuil, 1996, p. 377에서 인용.

7 　상동, p. 355. Traduction modifiée.

8 　Virginia Woolf, *Mrs Dalloway*, trad. Marie-Claire Pasquier, dans *Œuvres romanesques I*, Gallimard, 《Bibliothèque de la Pléiade》, 2012, p. 1150-1151.

9 　Charles Dickens, *Un conte de deux villes*, trad. Jeanne Métifeu-Béjeau, Gallimard, 《Bibliothèque de la Pléiade》, livre I, chapitre 3, p. 983.

10 　《Fascinated to Presume: In Defense of Fiction》, *New York Review of Books*, 24 octobre 2019. https://www.nybooks.com/articles/2019/10/24/zadie-smith-indefense-of-fiction

11 　David Cohen, 《Temple Grandin: I'm an anthropologist from Mars》, https://www.theguardian.com/education/2005/oct/25/highereducationprofile.academicexperts 코언이 언급한 것처럼 포용 장치는 현재도 영국에서 자폐인을 치료하는 데 사용되고 있다.

12 　엘사 회그베르그Elsa Högberg는 버틀러와 울프에 관한 뛰어난 논문을 통해 이 변증법을 분석했다. 그녀는 버틀러를 인용하면서("우리는 서로에 의해 붕괴되지 않는다면 무언가 놓치게 되는 것이나 다름없다") " '붕괴'되는 것에는 건설적이고 긍정적인 측면이 있다"라고 말한 버틀러의 신념을 강조했다. 버틀러와 회그베르그는 자아의 붕괴를 예찬하는 것이 아니다. 버틀러는 성찰적 모순(우리가 완전히 독립적으로 살아갈 수 없음을 인정하는 것)이 "우리가 맺는

관계의 정도를 설정한다"라고 설명한다. Judith Butler, *Giving an Account of Oneself*, Fordham University Press, 2005. 다음 자료도 참고하라. Elsa Högberg, 《Voices against Violence: Virginia Woolf and Judith Butler》, *Le Tour critique*, 2, 2013. http://letourcritique.uparis10.fr/index.php/letourcritique/article/view/22/html

13 인간의 경험을 정적인 무언가로 환원하지 않을 때, 우리는 그 사람을 움직이지 않는 존재가 아닌 관계 속에서 움직이는 존재로 여긴다. 경험의 굴곡이 많을수록 "지나치지도 모자라지도 않고, 한 가지도 아니고 모두에게 동일하지도 않은"(Aristote, *Éthique à Nicomaque*, 5, 1106a-26-24) 그 무언가가 우리에게 분명하게 나타날 것이다.

14 Virginia Woolf, *Les Vagues*, trad. Cécile Wajsbrot, Clamann-Lévy, 1993, p. 107.

15 Virginia Woolf, *Vers le phare*, trad. Francoise Pellan, dans *Œuvres romanesques II*, Gallimard, 《Bibliothèque de la Pléiade》, 2012, p. 177-178.

5장 눈에 띄지 않는 사람들을 바라보기

1 마이클 샌델, T. J. 잭슨 리어, 애나 디비어 스미스의 토론, 《Does Meritocracy Destroy the Common》, 2020.

2 Michael Sandel, *La Tyrannie du mérite*, trad. Astrid von Busekist, Albin Michel, 2021.

3 William James, *Principles of Psychology*, chap. X, 《The Consciousness of the Self》, section: 《Rivalry and Conflict of the Different Selves》, Dover Publications; éd. révisée juin 1950, p. 313.

4   Michael Sandel, 《The Populist Backlash Has Been a Revolt Against the Tyranny of Merit》, *The Guardian*, 2020년 9월 6일 Julian Coman과의 인터뷰.

5   Friedrich Nietzsche, *L'Antéchrist*, 57, trad. Éric Blondel, GF–Flammarion, 1996, p. 124.

6   Alexis de Tocqueville, *De la démocratie en Amérique*, vol. 2, chapitre II: 《De la source principale des croyances chez les peuples démocratiques》.

7   *Pensées de Gustave Flaubert*, texte établi par Caroline Franklin Grout, Louis Conard, 1915.

8   Friedrich Nietzsche, *Par - delà le bien et mal*, trad. Patrick Wotling, GF–Flammarion, 2000, § 212, p. 182.

9   Friedrich Nietzsche, *L'Antéchrist*, op. cit., p. 122–124.

10   상동, p. 124.

11   Ralph Waldo Emerson, *La Confiance en soi*, trad. Monique Bégot, Rivages poche, 2018.

12   상동.

13   *Ecce Homo*, 《Pourquoi je suis si malin》, § 9, trad. Henri Albert.

14   Friedrich Nietzsche, *Le Gai Savoir*, livre IV, § 276, trad. Henri Albert.

15   Léon Chestov, *La Philosophie de la tragédie. Dostoïevski et Nietzsche*, Bruit du Temps, 2019, partie IX.

6장 노동이 예술이 될 때

1   Virginia Woolf, *Un lieu à soi*, trad. Marie Darrieussecq, Gallimard, 《Folio classique》, 2016, p. 161.

2   Richard Sennett, *Ce que sait la main. La culture de l'artisanat*, trad. Pierre-Emmanuel Dauzat, Albin Michel, 2010, p. 381-382.

3   Léon Tolstoï, *Guerre et Paix*, livre X, chapitre 28, trad. J.-Wladimir Bienstock.

4   Isaiah Berlin, *Le Hérisson et le Renard. Essai sur la vision de l'histoire de Tolstoï*, trad. Aline Berlin, Les Belles Lettres, 2020.

5   Richard Sennett et Jonathan Cobb, *The Hidden Injuries of Class*, Norton, 1972, p. 170-171.

6   Steven Rockefeller et John Dewey, *Religious Faith and Democratic Humanism*, Columbia University Press, 1991, p. 150.

7   Richard Sennett, *Ce que sait la main*, *op. cit.*

8   "편견 없이 생각해보면 푸시핀 게임은 음악이나 시와 같은 예술 또는 과학과 동등한 가치를 지니고 있다." *The Rationale of Reward*. http://www.laits.utexas.edu/poltheory/bentham/rr

9   John Stuart Mill, *Utilitarianism* [1863], Hackett Publishing Company, 2002, p. 7.

10 Theodor W. Adorno, *Aesthetic Theory*, trad. Robert Hullot-Kentor, Minneapolis, University of Minnesota, 1997, p. 13.

11 Theodor W. Adorno, 《Temps libre》, dans *Modèles critiques*, Payot, 2003, p. 179-188.

12 Charles Baudelaire, 《Anywhere out of the World》, *Le Spleen de Paris. Petits poèmes en prose*.

1   Richard Sennett, *The Hidden Injuries of Class*, *op. cit.*, quatrième de couverture.

2   상동, p. 25.

3   "이제 노동이라는 단어는 우리가 존재하는 세상에서 우리가 하는 것이나 한다고 믿는 것을 지칭하기에 너무도 고상하고 원대한 단어가 되었다. 노동사회의 최종 단계인 사무직 노동자 사회는 개인의 삶이 인간 전체의 삶의 과정 속에 잠식되어버린 듯, 또는 개인이 할 수 있는 유일한 결정은 자신의 개성과 고통, 그리고 여전히 개인적인 것이라 느끼는 삶에 대한 불안을 내려놓고 멍하고 '순응적'이고 '기능적'인 행위를 받아들이는 것이라는 듯, 구성원들에게 그저 기계적인 기능만을 요구한다." Hannah Arendt, *Condition de l'homme moderne*, 《La vita activa et l'âge moderne》, trad. Georges Fradier, Pocket, 1994, p. 400.

4   페미니스트 성향의 과학 및 테크놀로지 역사가 도나 해러웨이는 상호적 소유에 기반을 둔 인간과 동물의 '함께 추는 춤'에 대해 설명한다. 해러웨이는 "그런 유대감은 매우 본능적이고 깊은 상호 관계를 맺고 있어서 그것을 파괴하는 것은 불가능에 가깝다"라고 말한다. 또한 "사랑과 존중에 바탕을 둔 이런 관계는 상대방의 삶을 변화시킬 수 있다"라고 강조한다. *Manifeste des espèces compagnes*, trad. Jérôme Hansen, Climats, 2019.

5   Emmanuel Bove, *Cœurs et Visages*, dans *Romans*, Flammarion, 《Mille et une pages》, 2006, p. 731.

6   Voir Sandra Laugier, 《The Ethics of Care as a Politics of the Ordinary》, *New Literary History*, 46, no 2, printemps 2015, p. 217-240.

7   Virginia Woolf, *Un lieu à soi*, *op. cit.*, p. 87.

8장 타인의 가치를 속단하지 않기 위한 공감적 상상력

1   Emmanuel Levinas, *Totalité et infini. Essai sur l'extériorité* [1961], Livre de poche, 1990, p. 43.

2   Sharon Todd는 이렇게 썼다. "우리가 타인을 우리와 닮은 또 다른 자아로 인식하려 하듯, 우리의 자아는 우리의 인지 능력을 넘어서는 만남을 통해 변화한다." 《Experiencing Change, Encountering the Unknown: An Education in "Negative Capability" in Light of Buddhism and Levinas》, *Journal of Philosophy of Education*, vol. 49, no 2, 2015, p. 249.

3   Sharon Todd는 또 이렇게 썼다. "이 '감수성의 공간'은 일종의 수동성과 수용의 개념을 받아들이고 해묵은 지식의 테두리 안에서 파악하는 경험은 무시하는 삶의 접근 방식이라 할 수 있다." (상동, p. 241)

4   박애적 연민의 개념에 대해서는 Zlatan Filipovic, 《Introduction to Emmanuel Levinas》, *Moderna språk*, 2011:1, p. 67 참조.

5   Françis Poirier가 *Emmanuel Levinas. Qui etesvous?*(La Manufacture, 1987, p. 98)에서 인용. 이 인용문이 내 주목을 끈 것은 Joelle Hansel의 주요 저작 *Levinas in Jerusalem: Phenomenology, Ethics, Politics, Aesthetics*(Amsterdam, Springer, 2008)이다. 특히 "Justice and Charity"(p. 149-152) 장을 참조. Hansel 역시 《Philosophie, justice et amour: Entretien avec Emmanuel Levinas》(éd. R. Fornet et A. Gomez, Esprit 8/9, 1983)에서 우리가 다루는 주제에 관해 중대한 성찰을 이끌어냈다.

6   Emmanuel Levinas, *Totalité et infini*, *op. cit.*, p. 316.

7   Iddo Landau, *Finding Meaning in an Imperfect World*, Oxford, Oxford University Press, 2017, p. 33.

8   상동, p. 34.

9 Vasily Grossman, *Vie et Destin*, trad. Alexis Berelowitch et Anne Coldefy-Faucard, L'Âge d'homme, 1995, p. 383.

10 상동, p. 263.

11 Michael Morgan, *Discovering Levinas*, Cambridge, Cambridge University Press, 2007, p. 75.

12 Walter Jackson Bates, 《The Sympathetic Imagination in Eighteenth-Century English Criticism》, *ELH*, vol. 12, no'2, juin 1945, p. 144-164.

13 Shaftsbury, 1817년 11월 22일 Benjamin Bailey에게 보낸 서신에서.

14 Randi Hutter Epstein, dans 《The Maps Our Brains Create》, *New York Times*, 1er juillet 2021. Epstein은 여기서 Rebecca Schwarzlose의 *Brainscapes*(New York, Houghton Mifflin Harcour, 2021, p. 52-54)를 참조.

15 Emmanuel Levinas, *Difficile liberté. Essais sur le judaïsme*, Le Livre de poche, 《Biblio essais》, 1984.

16 Joan Russell Noble (éd.), *Recollections of Virginia Woolf by her Contemporaries*, Londres, Peter Owen Publishers, 1972, rééd. 2014, p. 157.

17 Traduction Louis Segond.

18 에마뉘엘 레비나스의 연구와 관련하여 이 주제를 다룬 다음 자료를 참조. Michael R. Williams et Aaron P. Jackson, 《A New Definition of Tolerance》.

9장 완벽에의 열망을 포기하는 것에 대하여

1 Hobbes, *Léviathan* [1660], chapitre XI, § 1, trad. Philippe Folliot.

2 George Orwell, *Hommage à la Catalogne*, in *Œuvres*, trad. Marc Chénetier, Gallimard, 《Bibliothèque de la Pléiade》, p. 825.

3 Bruce Bégout, *De la décence ordinaire*, Allia, 2008, p. 17. 브루스 베구는 조지 오웰의 사소한 품위뿐만 일상의 강력한 힘을 예찬했다.

4 George Eliot, 《Politique contre littérature: à propos des *Voyages de Gulliver*》 [1946], in *Essais, articles, lettres*, vol. IV (1945-1950), trad. Anne Krief, Bernard Pecheur et Jaime Semprun, Ivréa/Encyclopédie des Nuisances, 2001, p. 263-265.

5 Bruce Bégout, *De la décence ordinaire, op. cit.*, p. 38-39.

6 George Orwell, 《Réflexions sur Ghandi》 [1949], in *Essais, articles, lettres*, vol. IV, *op. cit.*, p. 559.

7 Bégout, *De la décence ordinaire, op. cit.*, p. 85.

8 George Orwell, 《Politique contre littérature》, art. cit.

9 Justin Steinberg, *Spinoza's Political Psychology: The Taming of Fortune and Fear*, Cambridge, Cambridge University Press, 2018, p. 210.

10 Gilles Deleuze, *Spinoza. Philosophie pratique*, Éditions de Minuit, 1981/2003, p. 168.

11 상동, p. 168-169.

12 상동.

10장 명예에는 이면이 있고, 성공에는 쓰라림이 있다

1 George Eliot, *Middlemarch*, trad. Sylvère Monod, Gallimard, 《Folio classique》, 2005, p. 1087.

2 상동, p. 1091.

3 Zadie Smith, 《*Middlemarch* et nous》, in *Changer d'avis*, trad. Philippe

Aronson, Gallimard, 2013, p. 52 et 54.

4　Balthasar Thomass, *Être heureux avec Spinoza*, Eyrolles, 2019, p. 70-71.

5　Zadie Smith, 《*Middlemarch* et nous》, in *Changer d'avis*, *op. cit.*, p. 60.

6　상동, p. 57.

7　Rebecca Mead, 《*Middlemarch* and Me》, *The New Yorker*, fèvrier 2011. http://www.newyorker.com/magazine/2011/02/14/middlemarch-and-me

8　André Gorz, *Lettre à D. Histoire d'un amour*, Galilée, 2006, p. 72.

9　상동, p. 44-45.

10　Horace, *Odes*, II, 10, trad. Francois Richard, GF-Flammarion, 1967, p. 76.

11　*The George Eliot Letters*, éd. Gordon S. Haight, 9 vol, New Haven, Yale University Press, 1954-1974, 1:19. 다음 자료를 참조. Rosemarie Bodenheimer, 《Ambition and Its Audiences: George Eliot's Performing Figures》, *Victorian Studies*, vol. 34, no 1, automne 1990, p. 7-33.

12　Rosemarie Bodenheimer, 《Ambition and Its Audiences: George Eliot's Performing Figures》, art. cit., p. 8, 9 et 13.

13　Bodenheimer는 이렇게 썼다. "메리 앤 에번스는 조지 엘리엇이라는 가명을 쓰면서 이중으로 자신의 정체성을 숨긴 채 작품 활동을 했다. 그녀는 필명으로 책을 출판하면서 작가로 활동하는 내내 자신의 글쓰기와 사생활을 의도적으로 분리하려 했다."

14　제인 시니어에 관련된 일화는 다음을 참조했다. Barbara Hardy, 《Art into Life, Life into Art: *Middlemarch* and George Eliot's Letters, with special reference to Jane Senior》, *George Eliot-George Henry Lewes Studies*, no 44/45, septembre 2003, p. 75-96.

15　엘리엇이 자신의 커리어를 막 시작한 여성에게 잘못된 것을 '꿰맨다'는 가

정적인 이미지를 내세우고, 영감과 노동을, 수동성과 직업 활동을 비교하는 애매한 칭찬을 한 것에 비평가들은 오랫동안 의문을 제기했다.

16 1870년 3월 19일자 서신에서. Hardy, 《Art into Life》, art. cit., p. 90에서 인용.

17 Michael Tondre, 《George Eliot's "Fine Excess": *Middlemarch*, Energy, and the Afterlife of Feeling》, *Nineteenth-Century Literature*, 2012, 67 (2), p. 204-233. Tondre는 이렇게 분석했다. "엘리엇의 주인공들은 타인의 고통을 완벽하게 공감하지 못하면서 대인 관계를 망치고 말지만, '빛나는'과 같은 어휘와 이미지가 씌워지면서 그들이 타인의 삶에 공감하고 있다는 착시 효과를 일으킨다.

18 Montaigne, *Essais*, III, 13, Guy de Pernon, sur numlivres.fr, p. 325.

19 Zadie Smith, *Changer d'avis*, *op. cit.*, p. 135.

20 George Eliot, *Middlemarch*, *op. cit.*, chap. 22, p. 308.

11장 구별 짓기를 거부한 프루스트, 체호프, 나이폴

1 Marcel Proust, *La Recherche du temps perdu*, Gallimard, 《Bibliothèque de la Pléiade》, 1987, vol. I, p. 111.

2 *À l'ombre des jeunes filles en fleurs*, partie II.

3 James Baldwin, *Chroniques d'un enfant du pays*.

4 V. S. Naipaul, *Une maison pour monsieur Biswas*, Gallimard, trad. Louise Servicen, Gallimard, 《L'imaginaire》, 1985, p. 367.

5 상동, p. 7.

6 상동, p. 261-262.

7 Boris Pasternak, *Doctor Zhivago*, New York, Everyman Library, 1958, réed.

1991, p. 285. Boris Fishman이 *Chekhov: Stories for Our Time*(Restless Books, 2018)에 쓴 서문을 인용.

8 Maxime Gorki, *Souvenirs de ma vie littéraire*, *éditions du Sagittaire*, 1923.

9 Lev shestov, *All Things are Possible*, trad. S. S. Koteliansky, New York, Robert McBride, 1920, p. 51.

10 Tchékhov, *La Mouette*, *in Théâtre complet* I, trad. Génia Cannac et Georges Perros, Gallimard, 《Folio classique》, p. 331.

11 Friedrich Nietzsche, *Considérations inactuelles*, I, trad. Henri Albert. 니체는 프로이센─프랑스 전쟁 이후 독일의 상황을 예로 든 것이지만, 이는 보편적으로 승리를 힘겹게 받아들이는 인간의 본성에 대한 성찰이기도 하다.

12 Roland Quinault, 《Chekhov and Conservation》, *History Today*, 60 (2), fevrier 2010. http://www.historytoday.com/roland-quinault/chekhov-and-conservation

13 상동. 아스트로프는 엘레나에게 숲에 관심을 가져달라고 말하지만, 엘레나는 그가 보다 현실적이고 가치 있는 일에 관심을 가지길 바란다고 말한다.

14 Anton Tchékhov, *Oncle Vania*, trad. André Markowicz et Françoise Morvan, Actes Sud, 《Babel》, 1994, p. 27.

15 Arthur Schopenhauer, *Le Monde comme volonté et réprésentation*, *vol. II, livre IV, chapitre 46*, 《*De la vanité et des souffrances de la vie*》, *op. cit.*, p. 2044.

16 Anton Tchékhov, *Tête à l'évent*, trad. L. Golschmann et E. Jaubert, *La Revue de Paris*, 1898.

12장 우리 각자에게 숨어 있는 비범함을 위하여

1   Deborah Orr, 《Elena Ferrante and the Cost of Being an Author》. "얼굴 공
     개를 거부한 당신의 선택은 소셜 네트워크가 극도로 발달한 요즘 시대에 매
     우 과감한 선택으로 보였어요. 더구나 이탈리아 나폴리의 가난한 동네에
     서 자란 두 소녀의 삶을 그린 당신의 소설이 세계적인 베스트셀러가 되었으
     니 오죽했겠어요." *The Atlantic*, 4 octobre 2016. https://www.theatlantic.
     com/entertainment/archive/2016/10/do-readers-ask-too-much-of-
     authors/502844

2   https://www.theguardian.com/books/2016/feb/19/elena-ferrante-
     anonymity-lets-me-concentrate-exclusivelyon-writing

3   https://euroculturer.eu/2016/11/28/plotting-elenaferrante-an-
     anonymous-writers-map-to-freedom

4   *The Paris Review*. https://www.theparisreview.org/interviews/6370/art-
     of-fiction-no-228-elena-ferrante

5   상동.

6   Adam Phillips, *La Meilleure des vies. Éloge de la vie non vécue*, trad.
     Michel Gribinski, éditions de l'Olivier, 2013.

7   상동.

8   《Dans ses écrits, un sage Italien/Dit que le mieux est l'ennemi du bien》,
     Dictionnaire philosophique, 1777.

9   Virginia Woolf, *Les Vagues*, *op. cit*.

epilogue

1 Roxana Robinson, 《The Rivalry Between Georgia O'Keeffe and Her Sister Ida》, *The New Yorker*, 4 septembre 2019. https://www.newyorker.com/culture/culture-desk/the-rivalry-between-georgia-okeeffe-and-her-sister-ida

2 Elena Ferrante, *Celle qui fuit et celle qui reste. L'Amie prodigieuse III*, Gallimard, 2017, p. 322.

평범하여 찬란한 삶을 향한 찬사

1판 1쇄 인쇄	2024년 4월 25일
1판 5쇄 발행	2024년 6월 25일

지은이	마리나 반 주일렌
옮긴이	박효은

펴낸이	김봉기
출판총괄	임형준
편집	안진숙, 김민정
교정교열	김민정
본문 디자인	산타클로스
마케팅	선민영, 조혜연, 임정재

펴낸곳	FIKA[피카]
주소	서울시 서초구 서초대로 77길 55, 9층
전화	02-3476-6656
팩스	02-6203-0551
홈페이지	https://fikabook.io
이메일	book@fikabook.io
등록	2018년 7월 6일(제2018-000216호)

ISBN	979-11-93866-03-0

피카 출판사는 독자 여러분의 아이디어와 원고 투고를 기다리고 있습니다.
책으로 펴내고 싶은 아이디어나 원고가 있으신 분은 이메일 book@fikabook.io로 보내주세요.